KB236512

나답게 사는 연습

나답게 사는 연습

초판 1쇄 인쇄 2022년 02월 15일
초판 1쇄 발행 2022년 02월 28일

글 야치모리 구미코 **옮김** 오세웅

펴낸이 이상순 **주간** 서인찬 **영업지원** 권은희 **제작이사** 이상광

펴낸곳 (주)도서출판 아름다운사람들
주소 (10881) 경기도 파주시 회동길 103
대표전화 (031) 8074-0082 **팩스** (031) 955-1083
이메일 books777@naver.com **홈페이지** www.book114.kr

생각의길은 (주)도서출판 아름다운사람들의 인문교양 브랜드입니다.

ISBN 978-89-6513-765-8 (03180)

———————————————

FURIMAWASARENAI JIBUN O TSUKURU__ 「WAGAMAMA」 NO RENSHU
©Kumiko Yachimori 2020
First published in Japan in 2020 by KADOKAWA CORPORATION, Tokyo.
Korean translation rights arranged with KADOKAWA CORPORATION, Tokyo
through Eric Yang Agency Inc, Seoul.

이 책의 한국어판 저작권은 EYA(Eric Yang Agency)를 통한 KADOKAWA CORPORATION과 독점계약한 아름다운사람들에 있습니다. 신 저작권법에 의해 한국 내에서 보호를 받는 저작물이므로 무단전재와 복제를 금합니다.

이 도서의 국립중앙도서관 출판예정도서목록(CIP)은
서지정보유통지원시스템(http://seoji.nl.go.kr)과 국가자료종합목록구축시스템(http://kolis-net.nl.go.kr)에서 이용하실 수 있습니다. (CIP제어번호 : CIP2020015868)

파본은 구입하신 서점에서 교환해 드립니다.

「나답게 사는」 연습

야치모리 구미코 지음   오세웅 옮김

나답다는 건 있는 그대로의 자신을 좋아하는 것

이 책을 읽는 당신은 주변 사람을 배려하는 가슴이 따뜻한 사람이겠지요. 본서는 그런 당신이 느끼기 쉬운 '마음의 괴로움'을 해소하고 강인하게 살기 위한 방법이 적혀 있습니다.

얼마 전 미국, 일본, 중국, 한국의 고교생을 대상으로 '자신이 쓸모없다고 생각한 적이 있나요?'라는 질문에 '그렇다'라고 대답한 학생이 제일 많은 나라가 일본이라는 뉴스가 화제가 된 적이 있습니다. 일본의 고교생 70%가 '자신이 쓸모없다고 생각한 적이 있다.'라고 대답했습니다. 이는 세계적으로 봐서도 꽤 높은 수치입니다. 청소년이 그렇게 생각하는 큰 이유를 들자면 부모 세대 즉 우리 어른의 자기 긍정 의식이 낮아서일 겁니다. 공인심리사, 임상심리사인 나 자신도 30년 동안 4만 건의 상담을 통해 절감한 사실입니다. 일본 사회에서 누구에게도 영향받지 않고 자기답게 사는 것은 대단히 어렵습니다. 자신감이 없기에 늘 타인에게 휘둘립니다. 그래서 살기가 괴롭거나 자기 부정에 빠지지요. 이런 사람이 의외로 많습니다. 마음의 전문가인 나로서는 행복은 돈이나 명예, 사회적 지위만으로 얻어지는 게 아닌 '나다운 자신- 있는 그대로의 진짜 자기 모습으로 살아가기, 그러한 자신을 용납하기'라고 생각합니다.

어떡하면 '나다운' 자신이 될 수 있을까요. 그 열쇠 중 하나는 '마음의 경계선'입니다. 경계선은 자신과 타인을 나누는 윤곽 비슷한 것인데 요즘 심리학에서 화두가 되고 있는 개념입니다. 경계선을 제대로 긋고 '나다운' 자신이 되면,

1. 혼란한 대인관계가 정리되고, 타인에게 휘둘리지 않는다.
2. 침착한 마음으로 자신의 감정을 바라볼 수 있고, 무엇이 소중한지를 확실히 알게 된다.
3. 자신감이 생기고, 능력을 최대로 발휘할 수 있다.

즉, '나다운' 자신이 되는 것은 '있는 그대로의 자신'을 긍정하는(좋아하는) 것입니다.

여러 사정이 있었기에 여태까지 자신을 좋아할 수 없는 삶을 살아온 사람에게는 장벽이 높아 올라갈 엄두도 나지 않았을지도 모릅니다. '아예 태어날 때부터 나 자신을 좋아하는 성격으로 태어났다면…'라고 한숨을 지을 때도 많겠지요. 하지만 그런 우리들이기에 시련을 극복할 가치가 있습니다. 우리가 나다운 자신을 발견하고, 그러한 자신을 좋아할 때, 우리를 행복하게 해주는 데 그치지 않고 우리 아이들도 행복하게 해줍니다. 그러니 본서를 읽고 나다운 삶을 사는 연습을 해보기 바랍니다. 또한 본서는 경계선뿐 아니라 아들러, 융, 코헛의 심리학도 알기 쉽게 소개했습니다. 심리학 지식도 꽤 도움이 될 겁니다. 본서를 통해 한 사람이라도 더 나다운 자신을 발견하고 감춰진 가능성을 마음껏 써먹을 수 있게 되길 진심으로 바랍니다.

휘둘리지 않는 자신을 만드는
나답게 사는 연습,
있는 그대로의 나를 좋아해주는 것.

제1장

나를 짓누르는 것들의 실체는 뭘까?

마음의 경계선 긋기

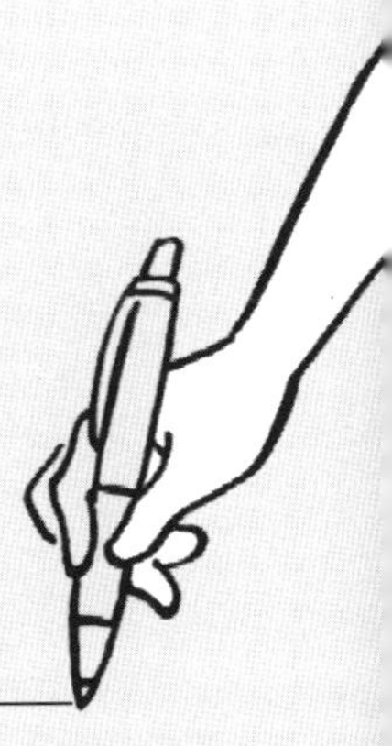

타인의 감정이 나를 짓누를 때

좋은 경계선 나쁜 경계선

아침, 눈 뜨면 생각나는 그 사람의 얼굴

어느 날 오후, 피곤에 절어 카운슬링 룸에 찾아온 여성 A는 이렇게 말했습니다.

"아침에 눈을 뜨면 저절로 생각나요. 늘 짜증스러운 상사의 표정. 그때마다 기분이 나빠져서 회사에 가고 싶지 않아요."

안 가고 싶은 마음이야 굴뚝같지만 할 수 없이 출근했는데, 복도에서 딱 그 얼굴과 마주친 순간 '역시 오늘 출근하는 게 아니었어.'라며 공포와 불안으로 심장이 두근두근. 상사의 반응에 극도로 민감해지고 그의 한숨, 혀 차는 소리, 날카로운 목소리가 들릴 때마다,

‘내가 뭘 실수했나?’

‘혹시 어제 제출한 안건이 엉망이었나?’

전부 자신의 탓인 것 같고, 또 상대가 짜증내고 화내지 않을까, 늘 불안한 생각이 든다고 합니다.

“그런 생각에 휘말리지 않으려고 그러니까 뭐라도 해보려고 이리저리 바쁘게 움직이게 돼요. 이것도 신경쓰고 저것도 봐주고, 상사의 기분이 좋아지면 그제야 나도 안심이 되거든요. 그 상사가 우리 부서에 온 이후로 매일 이런 상황이 이어지고 있어요. 어떡하면 좋을까요?”

내 탓?
내 실수?
그때 보낸 이메일?
저번의 기획서?
혹시 그때의?
두근
두근

그 짜증은 누구 것일까?

나는 A와 상사의 상태를 확인하려고 다음처럼 물어봤습니다.

나: 어떨 때 그 상사가 짜증을 부리나요? 당신과 얼굴을 마주하기 전과 마주한 후에 변화가 있는지요?

A: 아뇨. 상사는 기본적으로 짜증을 부려요.

나: 그래요? 그렇다면 늘 신경 쓰이는 상사는 당신이 원인을 제공한 게 아니라 그의 내면에서 발산한다고 봐도 되겠네요?

A: 예.... 예!?

나의 대답에 표정이 굳어지는 A

나: 가령 상사가 출근하기 직전에 심한 부부싸움을 했거나, 딸이 차갑게 대했을 수도 있겠지요. 그러면 상사는 당연히 마음이 풀리지 않은 채로 출근해서 짜증난 표정을 짓겠지요. 그 상황이 당신의 책임일까요?

A: 내가 잘못해서 상사가 짜증을 낸다고 생각했는데 그렇지 않다는… 말인가요?

나: 그 상사처럼 미숙한 인격의 소유자와 매일 똑같은 공간에서 지내자면 자기도 모르게 '잘못한 내가 문제다', '상대는 내가 ○○해서 짜증을 부린다'라고 정작 상대가 아닌 자신이 나쁘다며

자기부정을 하기 쉽지요. 타인의 감정마저 모두 자신이 원인이라며 '내가 열심히 해야지'라고 책임감을 느낄 수도 있겠지요. 하지만 상대의 기분을 잘 풀어주는 것은 당신의 책임이 아니에요. 상대의 감정과 당신의 감정은 전혀 다르니까요. 상대의 감정은 상대의 책임입니다.

마음의 경계선을 긋고 '나답게' 된다

나: 인간관계는 서로 영향을 끼칩니다. 상사가 늘 짜증내는 상황도 직장에서는 드문 일도 아니지요. 그러면 부하직원의 입장에서는 여러모로 힘들어져요. 지금부터는 자신을 지키기 위해 마음의 경계선을 의식해보지요.

A: 마음의 경계선이라고요?

나: 예. 마음의 경계선을 긋는 것은 나만 생각하는 연습이에요.

A: 나만 생각하라고요? 상사처럼 되고 싶진 않은데요.

나: 아뇨. 사람을 멋대로 휘두르는 내가 아니라 타인에게 영향받지 않는 자신을 만드는 것이에요. 나를 지키는 적절한 거리인 마음의 경계선은 상대의 감정을 내 것으로 가져와 죄책감을 느끼거나 불안해하지 않고 그의 감정은 그의 책임이라는 것을 분명히 하고 내게 유익한 행동이 무엇인가를 생각하게 해요. 그러면 자

신뿐 아니라 상대도 존중할 수 있지요.

A : 상사를 존중할 수 있다고요?

나 : 맞아요. 상사의 변덕스러운 마음을 멋대로 자기 탓으로 여겨 마치 자기 것처럼 하면 웃기잖아요?

A : 아, 그렇군요.

A는 그제야 깨달은 모양입니다.

나 : 지금 같은 경우는 누구의 책임인지 확실히 해두지요. 그것이 마음의 경계선을 능숙하게 긋게 만들어주고 상사와 적당히 거리를 두게 해줍니다. 상사, 부하라는 상하관계는 현실적으로 경계선을 긋기가 쉽지 않겠지요. 첫 걸음은 이렇습니다. 먼저 당신 자신이 무리하지 않는 상태에서 상대에 대한 태도를 바꾸어 볼 것을 권합니다.

그런 후에 A가 자신의 마음을 지킬 수 있게 경계선을 어떻게 긋는지 대화를 나누었습니다. 어리둥절하면서도 A는 일단 시도해보았습니다.

타인의 감정에 휘둘리지 않으려면

마음이 피곤한 자신을 깨닫기

자신이 늘 마음이 피곤한지 의식해봅니다. '왜 이렇게 피곤한 느낌이 들까?'라고 부자연스러운 피곤의 느낌이 적신호입니다. 깨닫기만 해도 상황이 바뀝니다.

시선 바꾸기

'상사의 짜증은 상사 자신이 처리해야 할 문제이자 상사의 책임이지 자신이 짊어질 것이 아니다. 나의 짜증이 아니니까.' 이 말을 마음속에서 몇 번이고 반복하면서 '책임의 경계선'을 긋습니다. 이 때 상사의 기분에 구애받지 말고 그대로 놔두는 게 좋습니다.

말 걸기 바꾸는 연습

'경계선 긋기'는 사회에서 잘못 사용하면 대인관계를 해칩니다. 예방책으로서 늘 상사에 대해 다음처럼 말 걸기 연습을 해봅니다.

'역시 ○○(상사)님의 충고가 딱 들어맞았어요.', '늘 ○○님의

도움을 받고 있습니다.', '○○님의 자세에 늘 자극을 받습니다.'
등등.

아부를 하라는 말이 아닙니다. 상사의 장점을 찾아 구체적인
언어로 상대의 노력에 대해 감사를 나타내는 것이 목적입니다.

그 후, A는 상사와 어떤 관계가 되었는지 나와 정기적으로 점
검해보았습니다. 그런데 어느 날, A는 당황한 표정으로 말했습니
다.

A : 지난 일주일 동안, 상사가 짜증부릴 때마다 '그건 상사의
책임, 내가 원인이 아냐. 경계선을 긋고 나다운 자신(있는 그대로의
자신)이 될 거야.'라고 되뇌었지만….

나: 어떻게 됐는데요?

A : 늘 기분이 안 좋은 상사에게 감사를 표현하는 게 저항감이
생겨서… 그래도 연습이라 여기고 무리해서 해봤거든요. 하지만
힘든데다 그렇게 하기가 싫어요. 더 이상 내 자신에게 거짓말을
하고 싶지는 않네요.

나: 그랬군요. 내가 괴로운 제안을 한 모양이네요. 그런데 잘
됐네요.

A : 예? 무슨 말인지 모르겠네요. 진짜 싫거든요. 뭐가 잘 됐다
는 거지요?

나는 '잘 됐다'라고 말한 이유를 설명했습니다.

A는 의도적으로 경계선을 긋는 연습을 계속 하면서 상사에게 휘둘리는 상태에서 조금씩 거리를 두게 되었습니다. 그러면서 '상사의 기분에 좌우된 피곤한' 상태로부터 '나는 아무래도 무리하고 있다. 더 이상은 아니다. 싫다. 하고 싶지 않다.'라는 자신이 어떻게 하면 좋을지에 대해 의식하게 되었습니다. 즉, 있는 그대로의 자신, 나다운 자신을 깨달은 것이지요.

A : 지금까지 상사의 기분이 안 좋으면 내 탓이라고 생각해 조심조심했는데. 지금부터는 '만일 뭔가 일이 생기면 말씀해주세요.'라고 타이밍을 봐서 말을 걸거나, 아무렇지도 않은 듯 자료를 가지러 다른 부서에 가거나 해서 적당한 거리 두기를 하고 있어요. 어떤 경우에도 경계는 스스로 정할 수가 있겠더라고요.

A는 웃는 얼굴로 카운슬링 룸을 뒤로 했습니다.

경계선을 그으면 해결된다

지금까지 반복한 '마음의 경계선'을 충분히 이미지화할 수 있겠나요?

이해하기가 쉽지 않은 개념이라서 A를 재차 등장시켜 자세히 설명하지요.

A : 본디 경계선은 어떤 것인가요?

나 : 나는 나, 너는 너라고 자신과 상대 혹은 자신과 세계를 구별하는 것이지요. 자신이라는 존재의 윤곽을 만드는 것이고요.

점차 효과 높은 경계선을 그을 수 있게 되면…,

● 한계설정이 가능해진다.
할 수 있는 것과 할 수 없는 것을 구별할 수 있다. 그렇게 되면 한계까지만 노력할 수 있기에 심신을 피곤하게 하는 일이 없어진다.

● 책임을 명확히 할 수 있다.
일이나 프라이버시에서도 책임 소재가 명백해진다.

● 삶의 방식, 가치관이 확연해지면서 타인에게 휘둘리지 않게 된다.
인생은 선택의 연속입니다. 무엇을 어떻게 선택하느냐는 그

기준이 자신의 가치관이자 삶의 방식입니다. 이 점을 분명히 하면 주관적인 인생, '나다운 나'로 살아갈 수 있지요. 그러면 본인이 본디 가진 능력을 발휘하게 됩니다.

다만, 경계선을 긋는 방법도 요령이 있습니다.

A : 경계선은 말 그대로 상대와 나 사이에 선을 그으면 되는 간단한 방법 같아 보이지만 꼭 그렇지는 않네요.

나: 경계선을 그은 후, 처음에는 '최초의 경계선 하나'로 좋겠지요. 단지 선을 하나 그었을 뿐인데 주위에서는 사무적이고 딱딱한 인상을 가질 수 있으니까요.

단호하게 사람들을 곁에 못 오게 하거나 반대로 자신의 껍데기에 갇히는 것은 훌륭한 경계선 긋기가 아닙니다. 어디까지나 대인관계를 원만하게 하려는 경계선 긋기가 필요합니다. 나는 좋은 경계선과 나쁜 경계선의 차이를 A에게 설명했습니다.

경계선은 자신을 지키는 소중한 경계이지 국경처럼 하나의 선(라인)이 아닙니다. 벽이나 철망으로 둘러칠 이유가 없지요. 살벌한 경계는 대인관계에 지장을 초래합니다. 상대와 적당히 좋은 관계를 유지하는 경계선은 어떤 것일까요? 가령, 바람이 잘 통하고 녹색 잎사귀가 무성한 정원같은 것이지요. 정원은 생물처럼 호흡하고 문 비슷한 게 달려 있어 스스로 열고 닫을 수 있지요. 자신과 상대 사이에는 정원(경계선)을 끼고 상대를 바라보면서 대화를 나누고 필요나 상황에 따라 문을 열어 서로 오갈 수 있습니다. 자신의 의지, 상대와의 대화 여부에 따라 유연히 대처할 수 있습니다.

A의 상사처럼 대등한 대화가 불가능한 상대라도 경계선을 그으면 자신을 지킬 공간을 확보할 수 있고, 상대와 어떻게 지내야 할지 생각할 여지도 생깁니다. 싫은 상대라도 가볍게 경계선을 긋고 그 안에 자기 자신을 확실히 확보하면서 필요한 일만 상대와 나눕니다. 마음의 경계선은 상대, 상황에 따라 자신의 '의지'로 설정할 수 있습니다.

아이에게 내 과거의 고통이 투영될 때

과거와 현재의 경계 혼란

생각보다 심한 육아의 고통과 아픔

경계선의 문제는 자신과 누군가의 감정으로만 생기지 않습니다.

다음은 현재와 과거를 통틀어 경계선의 혼란이 생긴 어떤 여성의 이야기입니다. B는 40대 전반의 시스템 엔지니어이며 5년 전에 결혼했고 부부는 둘 다 풀타임 근무로 현재 세 살된 여자 아이를 두고 있습니다.

B : 줄곧 따뜻한 가정을 원했지요. 뜨거운 사랑과 함께 결혼했

고 바라던 아이도 얻었지요. 그런데 육아가 너무 힘든 거예요. 남편은 아침 일찍 출근하고 나는 아이를 보육원에 데려다 준 후에 출근하지요. 근무 시간이 정해져있기에 일은 하루 종일 벅차요. 오후 5시가 다 되어 가면 급한 마음이 들고요. 주위 사람에게 미안하다고 생각하면서도 늘 일을 마무리 못한 채 급히 서둘러 아이를 데리러 가요. "엄마, 놀아줘. 놀아줘!"라고 졸라대는 아이를 달래면서 급하게 저녁을 준비하지요, 그럴 때 이게 내가 바라던 행복한 가정인가, 라는 괴로운 생각이 들어요. 하지만 눈앞에 산더미처럼 쌓인 해야 할 일이 있기에 긴 호흡을 할 틈도 없이 아이를 씻기고 잠재워요. 그리고 너무 피곤하지만 남아 있는 집안일을 하고 슬슬 자볼까, 라는 시간에 남편이 돌아와요. 피곤해 죽겠는데 "맥주 좀 줘."라고 날 시켜먹으면 화가 치밀어 부부싸움이 시작되지요. 이런 상황, 이젠 더 이상 못 견디겠어요!

누구라도 처음은, 게다가 나 혼자 아이 돌보기는 불안하기 짝이 없습니다. 40대의 체력이 떨어지는 시기에 임신, 출산, 육아는 가혹하지요. 공황상태에 빠지는 것도 무리는 아닙니다. B와 이야기를 나누는 중에 '아이가 태어날 때, 부부가 손을 꼭 잡고 기뻐한' 추억이야기도 들었지만, 육아에 관한 이야기를 할 때 B의 고통과 아픔의 감정이 진하게 느껴졌습니다. 그러한 감정의 밑바닥에는 무엇이 있을까요. 이 질문을 마음에 담고 나는 B에게 다시 물었습니다.

B : 아이가 하나라도 돌보기가… 너무 힘들어요.

나: 언제부터 그랬나요?

B : 아이를 낳은 후부터일 거예요. 일할 때는 잊게 되지만 집에서 아이랑 함께 있으면 갑자기 그렇게… 이상하게 들리겠지만 그 감정은 처음 느끼는 게 아니라 이전부터 계속 있었다는 생각이 들어요. 일단 스위치가 켜지면 그저 힘들고, 괴로워서 나중에는 외로워져요.

B는 어린 여자아이처럼 몸을 떨더니 급기야 울기 시작했습니다.

엄마와 딸에 몰래 잠입한 <아이 방의 유령>

B는 한참 그렇게 울더니 서서히 자신으로 되돌아왔습니다. 그러더니 과거의 단편을 조금씩 짜맞추어가듯 이야기를 꺼냈습니다.

B : 아이가 응애! 응애! 울기 시작하면 그 울음소리가 귀에서

뇌천장까지 찢어질듯 퍼지면서 두통이 시작돼요. 내 머리를 세게 붙잡고 흔들어도 그 고통은 사라지지 않아요. 그러면 아이를 어떻게 해야겠다는 생각이 들지요.

ㄴ: 그랬군요. 단지 아이의 울음소리가 고통을 주는 게 아닌 것 같네요. 조금 더 이야기해줄 수 있나요?

B: 어릴 때, 학교에서 집에 돌아오면 아무도 없는 방에서 부모가 돌아오길 기다렸어요. 어른이 된 지금도 집에서 혼자 아이를 돌보고 있으면 왠지 당시의 기억이 떠올라요. 혼자서 부모를 기다리던 아이, 외로움이 밀려오지요. 그러면 갑자기 괴로워져요.

나는 '심리학에서 말하는 아이방의 유령'과 '과거와 현재의 경계의 혼란'에 관한 이야기를 해주었습니다.

ㄴ: 심리학 연구에서는 평상시에는 심리가 안정된 엄마라도 유아가 있으면 왠지 불쑥 과거에 경험했던 괴로움이 되살아나오는 경우가 있다고 합니다. 즉 사랑을 쏟아부어야 할 아이의 울음소리가 엄마의 어릴 적 악몽을 불러일으키는 것이지요. 심리학에선 '아이방의 유령'이라고 부릅니다. 그런데 B님은 나한테 SOS신호를 보냈기에 다행이네요. 엄마의 아동 학대나 영아 살해의 배경에는 '아이방의 유령'이 잠재해있다고 학대전문 심리학자들은 자주 말하거든요. 그 현상을 계기로 엄마의 마음속에는 어릴 때

처럼 외롭거나 불안감이 급속히 퍼져나가지요. 지금이 과거인지 현재인지 그야말로 시간의 경계가 혼란스러워집니다. 한편 아이는 자신을 안아줄 엄마가 평상시와는 다르기에 불안해서 더 큰 소리로 울어댑니다. 엄마와 아이의 마음이 서로 영향을 줘서 갈수록 괴로워지지요. 혹시나 싶어 말해두지만 이 현상은 건강하고 안정된 엄마와 아이 사이에도 충분히 발생할 수 있습니다.

B : 그 말을 듣고 조금 안심이 되네요. 남편이 "당신은 금세 불안정해지는데 나도 대응하기가 어려워. 어떻게 안 될까!"라는 말을 하거든요. 나는 아이에게도 남편에게도 악영향을 주는 나쁜 인간이라는 자책감이 들어 침울할 때가 많아요.

여기서 남편이 대화에 등장합니다. 남편과 B가 어떡하면 좋은 파트너 관계를 구축할지, 단순히 나 혼자 육아의 문제가 아니라 가족의 미래를 좌우할 중요한 핵심입니다. 나는 화제를 두 사람의 관계로 돌렸습니다.

나 : 아까 말했지만 아기는 엄마의 마음 상태를 민감하게 알아차립니다. 그러니 B님은 나와 이야기를 나누면서 조금씩 안정을 찾아가면 됩니다. 남편께서는 부인을 최선을 다해 격려해주길 바라고요.

B : 맞아요. 날 좀 더 이해해주길 바라거든요. 그런데 남편은

"나도 가족을 위해 열심히 일하고 있어, 그게 뭐 잘못인가!"라고 화만 내거든요.

나는 B에게 다음처럼 제안했습니다.

나 : 부부의 대화가 감정적이 된 것 같네요. 남편께 이렇게 말하면 어떨까요. "지금까지 불안한 모습을 보여줘서 당신한테 부담을 끼친 것 같아. 그런데 부부싸움은 말고 서로 이해하고 싶어. 어떡하면 좋을지 카운슬러와 함께 셋이서 이야기하면 어떨까. 부탁해."라고 말이죠. 자신의 기분을 솔직히 표현하는 것은 두 사람이 행복해지기 위해서입니다. 어때요?

B : 음… 쉽지 않지만 해볼게요. 남편을 꽤 좋아했는데 요즘 들어 감정이 희미해졌어요. 다시 그이와 좋은 관계를 맺고 부부로서 잘 해나가고 싶네요. 그이에게 무작정 기대하려니 조금 기분이 그렇네요.

나 : 솔직해졌네요. 잘했어요. 지금 말한 걸 꼭 전하세요. 부끄럽나요. "나, 당신을 무척 좋아해. 그래서 그만큼 기대하려니 조금 기분이 그래. 미안…."이라고 말하면서 제안해보지 않겠나요?

B가 남편에게 한 말은 어서션(assertion)이라고 하는데 자신도 상대도 다치지 않고 서로를 소중히 여기는 자기표현의 방법입니다. 언어를 거치지 않고 태도로 상대에게 요구하거나 거꾸로 감

정적 언어를 발산해 상대를 상처 입히지 않고 '성실', '솔직', '대
등', '자기책임' 등의 요소를 중요시하면서 언어를 고르는 커뮤니
케이션입니다.

B는 그 후 남편을 데리고 다시 카운슬링 룸에 찾아왔습니다.
자신의 심정을 남편에게 분명히 전했다고 합니다. 이 문제는 B가
자신의 심정을 솔직히 전하고, 남편이 그것을 받아들임으로써 카
운슬링 룸에 온 시점부터 이미 해결을 향해 나가고 있습니다. 두
사람은 서로 협력하는 부부로 다시 태어났습니다.

나답게 사는 연습 2
경계선의 적신호 체크

평상시 다음의 감정이나 상태에 빠진 적이 있습니까?
나는 안 돼, 라는 무력감
쉴 새 없는 불안, 걱정, 안절부절
피로, 피폐, 허무함, 손해본 느낌
머릿속이 하얘진다. 사고 정지
억누르기 힘든 불안, 초조, 괴로움, 상처받았다는 느낌
불안해하면서 상대 안색을 살핀다

압박감, 심신이 옴짝달싹 못하는 느낌

위의 증세가 하나라도 있다면 마음의 경계선이 흔들린다는 징조입니다. 누구라도 위의 증상은 일상적으로 가끔 느끼는 감정일지도 모르지만, 바로 그렇기 때문에 '별 거 아냐'라고 가볍게 넘기지 말고 자신의 감정 상태를 깨닫는 게 중요합니다. 그런 감정에서 일단 거리를 두고 지금의 자신을 내려다보는 궁리를 해봅니다. 또한 안심할 수 있는 사람에게 이야기를 털어놓는 것도 감정을 정리하는데 도움이 됩니다. 지금 느끼는 것이 100% 사실이 아닐지도 모르고, 영원히 계속될 리가 없다는 것을 유념하기 바랍니다.

나답게 사는 연습 3

어서션 대화법(자신도 상대도 소중히 여기는 대화)

나(I) 메시지의 활용

자신의 감정을 상대가 알아주길 바랄 때 특히 '나'를 주어로 삼아 말해봅니다. '나는 ○○○을 느끼고 있어(feel). 나는 당신이 ○○○을 해주길 원해(want)'처럼 자신의 감정이나 요망사항을 말로 해봅니다. '나, I'를 붙이면 상대 탓이 아니라 자신의 '감정이나 생각'을 상대에게 전하기 쉽습니다. 따라서 자신의 생각, 책임을 분명히 할 수 있지요.

자신도 상대도 소중히 여기려면 주의할 점

'왜?, 어떻게 된 거야?'라는 말을 삼가 합니다. 이러한 표현은 묻는 사람은 이유를 알고 싶어서이지만 듣는 사람은 마치 책임 추궁을 당하는 느낌이 들기 때문이지요.

비언어(non-verbal)**의 어서션도 있다.**

'당신이 소중하다'는 생각을 언어 이외의 다른 수단으로 전할 수 있습니다. 우리는 배려심이 깃든 목소리, 따뜻한 눈빛, 부드러운 표정, 환영하는 분위기 등 비언어의 표현을 통해 마음을 전달할 수 있습니다.

이상 언급한 것을 염두에 두고 소중한 사람과 대화를 나누어 봅니다.

'나'를 넣은 표현	'나'가 없는 표현
나는, 도와줬으면 좋겠어	거들어!
나는, 당신의 생각에	당신의 생각은 아냐.
위화감이 느껴져	틀린다니까
나는, 지금 혼란스러워.	알아듣기 어려워
조금 더 설명해줬으면 해	설명 좀 잘해봐

나 홀로 육아와 섹스리스의 관계

나 홀로 육아는 거의 남성이 아닌 여성이 안고 있는 문제입니다. 왜 그럴까요? 여전히 '육아는 여성의 몫'이라는 낡은 가치관이 암암리에 전제가 되고 있고, 그것이 육아 중의 여성에게 부담을 줍니다. 새로운 시대가 접어들었는데도 '나 홀로 육아'라는 현상이 지금에도 입에 오르내리는 상황은 낡은 가치관이 여전히 뿌리깊다는 걸 뜻합니다. 그렇다고 남성에 대해 '당신의 사고방식은 편견이 심하다, 진부하다.'라고 무작정 비난한다면 반발을 불러일으켜 대화가 진전하지 못합니다. 왜냐하면 '상대가 나쁘다, 상대가 변해야 마땅하다'라고 서로를 부정하는 사태가 되기 십상이기 때문이지요. 부부가 힘을 합해 육아를 수행하려면 어서션이 필요합니다. B의 경우도 마찬가지입니다. 남편에게 감정을 나타 낸 B와 아내에게 육아를 강제한 남편, 둘 다 비슷하지 않을까요?

　B부부는 '부부이기에 말하지 않아도 이해해주는 게 당연'이라 는 환상에 사로잡혀있습니다. 하지만 '이해해주는 게 당연'은 실 제로 있을 수 없지요. 마치 가려운 곳을 알아서 긁어주겠지, 라는 아이가 엄마에게 요구하는 자기중심적 기대일 뿐입니다. 그런 과 대한 기대를 부부끼리 서로 몰래 지니고 있다는 말이지요. 말하 자면 두 사람은 아이의 심정인 채로 서로에 대해 '자신의 부모(보 호자)가 되어주길 바란다'는 불만을 지속적으로 갖고 있는 셈입니 다. 물론 부부사이에 어느 정도는 허용되거나 필요합니다. 다만 부부가 자각없이 서로에게 '엄마, 엄마!(아빠, 아빠!)'라고 어리광을 피우면 부모의 역할이 사라진 아이들뿐인 가정이 되고, 어른끼리 의 대화가 이루어지지 않지요. 그대로 가면 부부관계를 해칠 우 려가 많습니다. 당연히 남녀의 관계도 시들해집니다. 생각해보세 요. 엄마, 아빠와의 섹스는 불가능하니까요. 실은 이 주제가 섹스 리스의 배경에 잠재한 큰 원인의 하나입니다.

죽는 게 낫다는 생각이 들 때

마음의 한계

실종된 남편의 경계선

나는 C를 당시 근무한 정신과 클리닉에서 만났습니다.

클리닉 대기실에서 피곤한 모습의 C 곁에는 염려스러운 표정을 짓는 부인이 함께 있었습니다. 부인이 그간의 경위를 설명하고 증상이 적힌 시트에는 다음처럼 적혀 있었습니다.

〈이틀전 아침, 남편 C는 집을 나간 채 출근하지 않았습니다. 그날 밤 늦게까지 회사와 경찰과 연락을 취하면서 남편을 찾아 헤맸습니다. 다행히 새벽 3시쯤 남편이 내 휴대폰에 메시지를 보냈고 어제 귀가했습니다. 내가 "살아서 와줘서 너무 다행"이라고 말하자, 남편은 "너무 괴로워서 아무도 없는 곳에 가고 싶었는데 문득 당신 얼굴이 떠올랐어. 문제 일으켜서 미안해."라고 울면서 말해주었습니다. 남편의 마음이 편해지려면 어떡하면 좋을까요? 〉

상담시간이 되었기에, 내가 C를 카운슬링 룸으로 안내하려고 하자, 부인은 머리를 숙이며 말했습니다.

"남편의 카운슬링 후에, 나에게도 조언을 주세요. 남편에게는 양해를 구했으니까요."

매일, 심야잔업, 상사에게 혼나면 '죽고 싶다'

카운슬링 룸에 들어가 의자에 앉자마자 C는 한숨을 길게 내쉬었습니다.

C: 아내가 부탁이니까 함께 클리닉을 가자고 말하더군요.

나: 힘들 텐데 잘 오셨습니다.

내가 진심을 담아 말하자, C의 표정이 조금 펴졌습니다.

C: 내가 담당하는 부서의 영업 실적은 몇 년 간 신통찮았어요. 결과를 못 내는 동료가 몇 명 잘렸고요. 나도 영업실적이 걱정되어서 대책을 강구하면서 매일 잔업을 했지요. 심야에 집에 와도

잠이 오질 않았어요. 그러니 낮에는 끄덕끄덕 조니까 상사에게 욕이나 들어먹고….

'난 인간이 글러먹었구나. 회사의 짐이야. 내가 없는 게 오히려 나을지도.'라는 생각이 드니까 갈수록 힘들어지더라고요. 그래서 이 고통을 끝내겠다는 생각이 들면서… 도망치게 되었어요.

나: 얼마나 괴로운지 자신도 모를 만큼 한계에 이르렀네요. 이 세상에서 사라지고 싶다거나 죽고 싶다는 생각도 들었겠지요?

C: 그럼요. 내 존재 자체가 무의미하다는 생각이 들더군요. 남에게 피해를 줄 바에야 죽는 게 낫다고. 그렇다고 아내한테 이런 말을 할 수도 없고요. 걱정 시키고 싶지 않으니까.

C는 갑자기 고개를 숙이더니 몸을 부르르 떨었습니다. 얼마동안 그렇게 울었습니다.

말하기는 생각을 떼 내는 것

20분 쯤 지나자, 실컷 울고난 C는 깊은 숨을 내쉬면서 다음처럼 말했습니다.

C: 죽고 싶다고 누구한테 말해본 적이 없어요. 하지만 누군가에게 털어놓고 나니 훨씬 기분이 나아졌네요.

나: 말하기는 생각을 떼 낸다는 의미도 있다는 말을 들어본 적

이 있나요? 안고 있는 것을 떼어내면 문제와 자신과의 사이에 거리를 알 수 있습니다. 즉 자신을 지킬 경계선 긋기를 할 수 있습니다. C님은 자각하지 못할 수도 있지만 도망가고 싶을 만큼 혼자서 일의 책임을 떠맡고 있었네요. 마음의 경계선이 위협을 받고 있었던 겁니다. 안심되고 안전한 장소로 한시라도 빨리 대피하지 않으면 안 되는 긴급한 상황이었고요. 그럴 때는 물리적으로 거리를 두고 괴로운 상황, 대인관계를 끊고 누군가에게 도움을 요청하는 게 좋습니다. 단순해 보이지만 그 자체가 자신을 지킬 강력한 경계선이 되니까요. 그런 의미에서 이번의 실종 사태는 C님의 입장에서는 자신을 지키려는 마지노선이었다고 생각합니다. 물론 차후에는 권하지 않겠지만요…. 덕분에 C님은 지금 살아있습니다. 살아남았습니다. 간신히 자신을 지킨 것이지요.

C는 눈물이 조금 남아있는 채 부끄럽다는 듯 웃었습니다.

악덕 기업에 근무하는 사람은 마음과 몸이 망가져서 어디까지가 자신의 한계인지를 모르고 무리하기 십상입니다. 안전, 건강의 경계선이 위협을 받고, 자신을 상실하지요. 이번처럼 목숨이 걸린 상황에 처하기도 합니다.

ㄴ: 위험에 처했을 때, 무엇을 먼저 중요시하면 좋을지에 대해 말해볼게요. 아까 누군가의 도움이 필요하다고 말했지요. 가족처럼 가까운 사이의 따뜻한 협조가 필요합니다. 부인을 여기 불러

도 되겠나요?

C는 고개를 깊게 숙여 동의를 나타냈습니다.

위험한 상황에서의 생명줄

나: 위험상황에 처한 사람의 생명줄은 뭐니해도 사람과의 연결입니다.

C님은 어디론가 사라졌을 때도 마지막에는 부인과 연락을 취했습니다. C님이 돌아왔을 때 부인의 대응도 훌륭했습니다. 힘들고 약해졌을 때야말로 따뜻하게 자신을 받아주는 말 한마디가 크게 도움이 되지요. 그런데 곁에서 도와주는 사람이 약해진 사람에게 부정적인 언어를 섞어서 무책임하게 격려해주는 경우가 많아요.

구체적으로는 '왜 그런 짓을 저질렀냐, 그런 건 당신답지 않잖아, 좀 더 적극적으로 살아봐.' 같은 말이지요. '왜', '답지 않게'는 약해진 상대에게는 부정적으로 들립니다. '좀 더 적극적으로 살아봐'는 잔혹해서 더 괴롭고 더 실망시킬 뿐입니다. 따라서 도와주는 사람도 도움을 받는 사람도 상담이 필요합니다.

"카운슬링보다는 가족 미팅을 한다는 기분으로 정기적으로 이곳에서 대화를 나누도록 하지요."

나는 그렇게 말한 후 주치의 판단 아래 C가 한 달 동안 질병 휴가를 얻도록 조치했습니다. 나는 C의 허락을 받고 회사의 담당자, 산업의와 만나 그의 상태, 치료 경과에 관해 이야기를 나누었습니다. 그리고 부부와 함께 가족 미팅을 가졌으며 회사가 어떤 조치를 취하는지 확인도 했습니다. 위기 상황에 빠진 본인뿐 아니라 그 가족에게도 앞으로의 월급, 진로, 복귀의 가능성 같은 신경 쓸 거리가 많았습니다. 어떻게 보면 당연할 수도 있지만, 치료 중에 마음의 전문가가 본인이나 가족을 대신해 회사에 적절한 요구를 하는 행위는 회복을 촉진하는 중요한 역할입니다. 그 후, C는 3개월 휴가를 더 얻었고, 매일 새로운 마음을 다짐으로써 회복이 눈에 띄게 빨라졌습니다.

출근이 괴롭나요?

'퇴직의 선택지'가 당신을 지켜준다

과도한 일거리, 권력 희롱, 성희롱처럼 가혹한 노동 환경 문제는 갓 사회에 진출한 젊은이뿐 아니라 부모도 심각하게 생각해볼 필요가 있습니다. 내 사무실에도 가혹한 직장 환경이지만 입장이 약한 만큼 부당한 대우를 받아도 열심히 사는 20대들이 찾아옵니다. 과도한 책임을 짊어진 사람들은 최종적으로 심신이 망

가져 일할 수 없게 되거나 그것이 원인이 되어 회사를 떠나는 경우가 적지 않습니다. 이처럼 본인은 상당한 데미지를 입지요.

'퇴직은 도망치는 것이 아닌가. 그래도 회사 일을 생각하면 몸이 부르르 떨린다.'

'앞으로 전직 활동을 한들, 이렇게 된 나를 채용해 줄 데가 있을까.'

'운 좋아 다른 회사에 취직해도 제대로 일할 수나 있을까.'

위의 걱정을 매일 달고 다니면 심신의 건강을 해칩니다. 그런 사고방식은 자신을 소중히 여기는 게 아니지요.

"그런 의미에서 퇴직의 선택지는 혼란에서 당신을 지켜줄 강력한 경계선"이라고 상담하러 온 사람들에게 늘 말합니다. 그리고 만일 그 결단을 못하면 이미 너무 심신이 소진된 상태라는 증거입니다. 자신을 지킬 것을 최우선으로 하고 당장 휴식 시간을 갖는 게 좋습니다. 의료기관에서 진단서를 떼서 회사로부터 물리적으로 멀어지는 것이지요. 힘든 상황에서 당신을 지켜줄 강력한 경계선이 되니까요. 또한 그러한 상황에 처한 20대, 30대의 부모에게 전합니다. 당신의 자녀가 무리하는 걸 알고 있는데도 '모처럼 좋은 회사에 들어갔는데 관두면 어떡해!', '퇴직하면 집안에만 틀어박히지 않을까'라는 걱정이 앞서 지금 다니는 회사에서 열심히 해보라고 격려할지도 모릅니다. 하지만 그럴 때일수록 자녀의 말을 귀담아듣고 최대한 본인의 심정을 받아들여야 합니다. 약해진 상태에서는 생각의 블랙홀에 빠져 보통 때라면 하지 않을 실종, 자살 기도 같은 것이 머릿속에 떠오르는 수가 있습니다. 자신에게 신경 써주는 사람이 있다는 것은 비록 눈앞에 없어도 최후의 최후에 강력한 생명줄이 됩니다. 그 점을 명심하기 바랍니다.

관광명소인 어떤 곳의 베이브릿지에서 아래로 뛰어내리는 젊은 이의 대부분은 뛰어내리기 직전까지 스마트폰을 보고 있었다는 조사 결과가 있습니다.
'사람은 죽기 직전까지 다른 사람과의 연결을 원한다. 이것이 그 증거가 아닌가 싶다.' 자살대책 전문의가 한 말입니다.

불안한 마음을 나는 무엇에 의존하고 있을까?

의존의 메커니즘

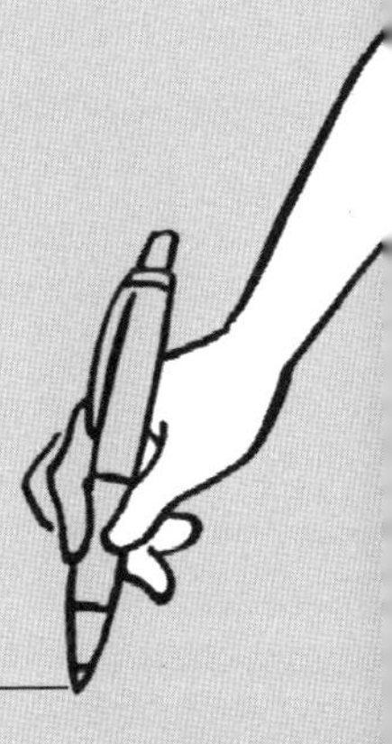

헤어질 바에야 죽겠다

공의존 관계

미인인 그녀가 날? 하지만 그 요구는 점점 심해지고…

D(남성, 사회경력 3년차)는 최근 여자친구가 부담스럽다. 아침, 점심, 밤, 하루에도 세 번은 꼭 문자를 보내달라고 요구한다. 친구와 만나거나 일 때문에 며칠 동안 예정이 잡히면,

"왜, 다른 일을 해야 하는데?"

일에 너무 치여서 휴일에 혼자 쉬고 있으면,

"주말에 만나는 게 당연하잖아?"

그녀와 함께 걸으면 뭇남자들은 대개 뒤돌아볼 만큼 미인. D도 처음에는 '나처럼 평범한 남자한테…,'라며 하늘에 오를 듯한 기분이었기에 그녀의 일방적 요구도 참을 수 있었습니다. 그런데

점점 그 요구가 심해졌고 그녀의 문자에 금세 답하지 않으면 '왜 빨리 답하지 않느냐'라고 짜증을 부리고 평일에 밤늦게까지 잔업을 하고 있으면 '외로우니까 지금 빨리 와.'라며 징징대고, 피곤해서 자는데 심야에 갑자기 전화해서 '마지막 전철을 놓쳤어. 지금 데리러 와.'라며 말도 안 돼는 요구를 합니다. '애도 아니고 혼자서 해봐!'라고 D가 화를 내면 그 다음날 밤 그가 근무하는 빌딩 앞에서 비를 홀딱 맞으며 그녀가 서 있습니다.

그리고 '어제 못 만나서 외로웠어.'라고 불쌍을 떱니다. 그 모습을 보는 순간 D는 더 이상 참을 수 없었습니다. '헤어져야겠다.' D는 그녀에게 몇 번인가 절교 선언을 했습니다. 하지만 그때마다 '헤어질 바에야 죽겠다.', '날 혼자 내버려두지 마.'라고 협박을 합니다. '앞으로는 절대 괴롭히지 않을 테니까 한번 기회를 줘.'라며 애원도 합니다. 극도의 이기주의자에서 눈물을 방울방울 흘리는 불쌍 모드로 바뀌면 D도 마음이 약해집니다.

D는 늘 똑같은 패턴으로 그녀와의 교제를 질질 끌고 있다고 말합니다. 이번에는 도저히 안 되겠는지 카운슬링 룸으로 날 찾아왔습니다.

D: 헤어지고 싶어요. 그런데 그녀가 가만 놔두질 않아요.

헤어질 바에야
죽을 거야!!
끄억끄억!
이걸 어쩐다….

실은 자주 볼 수 있는 공의존 관계, 그 관계에 성장은 없다

어디선가 들어본 이야기일지도 모릅니다. 커플, 부부 사이가 심하게 삐걱댑니다. 상대의 영향이 너무 심해서 정신적, 물리적인 '지배-복종의 관계'에 빠진 것이지요. 이런 관계를 '공의존 관계'라고 부릅니다. 나는 D에게 설명했습니다.

나: 공의존 관계라는 용어는 이전에 알콜 의존증인 부부 관계, 기능 상실의 가족 관계에 적용되는 말이었습니다. 그런데 오늘날 D님의 경우처럼 극히 보통인 연애, 부부관계에서도 자주 보입니다. 둘 중 하나가 심한 속박감을 느끼고 파트너에게 "그만두라"고 말해도 '사귀고 있으니까', '부부니까 당연'하다는 이유로 일방적으로 무시하지요. 참을 수 없어서 속박당하는 사람이 실력 행사로 헤어짐을 요구하면 그때까지는 강경했던 상대가 감정에 호소하고 바다보다 깊은 반성을 하면서 눈물 흘리면서 애원하고 가끔은 자살 소동을 일으켜 헤어짐을 원천 봉쇄합니다. 따라서 언제까지고 똑같은 관계가 이어집니다. 그녀의 경우도 마찬가지지요.

D: 어떡하든 해결해보려고 친구들과 의논도 해봤는데 모두 한결같이 말하더군요. '답답해죽겠네. 그냥 헤어지면 되잖아!'라면서 한심하다는 표정을 지어요. 하지만 당사자는 괴롭지요, 그리 간단히 헤어져주지 않으니까요.

나: 내가 이런 말을 한다고 상처 받으면 안 됩니다. 사실은 전형적인 공의존 관계입니다. 속박된 사람은 질려서 이 따위 사랑은 의미가 없다고 생각합니다. 하지만 마음 어딘가에 나같은 사람을 생각해주는 것은 그 사람뿐, 그 사람의 약한 점을 알고 있는 사람은 나뿐이라는 생각이 슬며시 고개를 쳐들면서 결국 헤어지지 못하지요. 공의존 관계에 빠지면 행복하기 위한 어른들의 대화가 사라집니다. 그 결과 서서히 서로에게 끌려다니는 형편이 되지요. 물론 두 사람의 성장은 기대하기 어렵고요.

공의존의 원인은 어린 시절의 애정 부족
어른이 되어 가정 폭력, 도덕적 결함에 빠질 수도…

나: 공의존이 비상식적이고 말도 안 된다는 느낌을 받았을지도 모르겠네요. 그렇진 않아요. D님이나 그녀도 평소에 일 할 때는 남이 의지할 정도로 제대로 해내는 성격일 겁니다. 그런데 애정관계가 되면 갑자기 파트너와의 사이에 과도한 의존, 속박을 하게 됩니다. 대인관계가 들쑥날쑥해지거나, 어떤 상황을 거부하지도 못하게 되지요.

D: 그래도 그녀는 너무 심해요. 왜 이렇게 됐는지 모르겠어요. 그녀 말로는 부모와 사이가 안 좋았다던데 그게 영향을 끼친 걸

까요?

ㄴ: 관계가 있습니다. 그녀는 겉보기에 강해 보이지만 실은 마음 속 어딘가에 소중한 누군가와의 연결, 어리광을 절실히 원하고 있어요. 어린 시절에 자신의 존재를 있는 그대로 받아주거나, 사랑 받는 것을 충분히 체험하지 못했을 가능성이 크지요. 나중에 공의존 관계가 되거나 속박하는 쪽, 속박 당하는 쪽이 되기도 합니다. 그러니 그녀 같은 성격은 좋아하는 상대에게 주목받고, 그 안에 녹아드는 관계를 유지하고 싶다는 바람이 있어요. 그 결과 파트너에게 분에 넘칠 듯한 생각을 퍼붓고 친밀한 관계를 유지하기보다는 오히려 속박하려는 경향이 있지요. 상대도 자신도 괴롭지요. 애달픈 일입니다.

공의존 관계는 고통의 공유, 그걸 깨달으면 바뀐다.

D: 지금까지는 그녀와 헤어지지 못했는데, 왜 그랬을까요…?

ㄴ: 속박당하는 쪽도 괴롭지만 정이 있고 그동안 사랑한 감정도 있거든요, 그러니 적당한 거리를 두지 못해 관계를 끊는 게 어렵게 됩니다. 다만, 두 사람을 엮는 정, 사랑의 근본에는 채워지지 않는 결핍감과 아무리 해도 메워지지 않는 공허감, 그리고 마음 속 더 깊은 곳에는 고통이 있지요. 그렇기에 그런 사람은 채워지

지 않는 것을 메울 수 있는 일체감을 숨 막히게 원합니다.

　　D: 사랑을 더 깊이 파고들어 가면 고통이 있다고요? 그럼 사랑이 아닌가요?

　　나: 사랑인지 아닌지는 간단히 판단할 수 없어요. 다만 두 사람을 이어주는 사랑 속에 고통, 그러니까… 즉, 상처와 상처의 공유가 존재하고 그것이 두 사람을 이어줍니다. 그 사실을 깨닫는 게 뭣보다 중요해요.

　　D: 상처의 공유가 사랑이라면…, 그녀와 사귀는 것은 사실 힘들었어요. 그렇지만 그녀를 알아주는 사람은 나밖에 없고, 나랑 헤어지면 그녀가 살아갈 수 없을 테고, 그러니 그녀를 혼자 내버려둘 수 없다는 생각이 들면서 어찌해볼 수 없는 상황이 계속 되었던 것 같아요.

　　나: 지금까지 두 사람은 감정이 뒤얽혀있는 힘든 상태였다고 볼 수 있어요. 지금은 왜 그렇게 되었는지 실감을 하게 되었고요. 그 순간부터 다른 시선으로 두 사람의 관계를 들여다볼 수 있는 셈이지요. 사랑이 고통으로 변질될 때 그것이 사랑인지, 그저 고통의 공유인지 생각해 볼 필요가 있습니다. 건강한 사랑은 일심동체가 된듯한 환상이 아니라 자기다움을 지킬 수 있는 건강한 경계의 존중이 동반됩니다. 자신의 고통과 결핍, 공허는 결코 타인에게 의존하는 방식으로 채울 수 있는 것이 아닙니다. 자기다운 성장이 없는 고통의 공유는 사랑이 아니라 공의존 관계입니

다.

그 후 D는 카운슬링에서 느낀 점을 곱씹고 되씹어서 둘이서 자주 간 카페로 그녀를 불러냈습니다. 둘이서 진흙탕에서 허우적거리는 관계를 어떡하든 막아보려는 강력한 의지를 갖고….

"지금까지 너를 이해할 수 있는 사람은 나뿐이라고 생각했어. 그런데 지금 우리 사이가 내게는 너무 괴로워. 그렇다고 너를 싫어하는 게 아냐. 한 번이라도 거리를 둬보자."

D는 진심을 담아 말했습니다. 처음에는 헤어지고 싶어도 헤어져주질 않아서 괴로워했던 D. 그랬던 D의 마음속에 두 사람의 관계, 자신의 인생을 다시 되돌아보며 경계선을 긋고 '나다운(있는 그대로)' 자신으로 되돌리는 변화가 생긴 모양입니다. 그래서인지 평소라면 격하게 반응했을 그녀가 가끔은 눈물을 흘리면서 D의 말을 경청하더니 "알았어… 나 먼저 갈게."라며 자리를 떴고 손수건으로 눈물을 훔치면서 거리의 인파 속으로 사라졌습니다. 독자 중에 D의 그녀 같은 입장에 있는 사람도 있을지 모릅니다. 친밀한 관계이지만 가끔 고통이 느껴지는 경우가 있습니다. 그럴 때 그것이 진짜 사랑인지, 고통의 공유인지를 스스로 관찰해보길 바랍니다.

공의존 알아채기

다음 항목에 해당되면 공의존 관계에 빠져 있을 수도 있습니다.

- 사랑이 고통으로 바뀌고, 어찌 해볼 도리가 없어진다.
- 개선되지 않은 채, 어찌어찌 관계를 유지한다.
- 혹여 상대를 잃는다면, 이라는 상상만으로 다리가 후들거리고, 지면이 꺼질 것 같은 공포심을 느낀다.

사랑받고 싶고, 인정받고 싶고, 칭찬받고 싶은 마음은 어린이만 해당하는 게 아닙니다. 어른인 우리에게도 보편적 테마의 하나입니다. 공의존 관계에서 무엇보다 중요한 것은 자신을 마음속으로부터 지킬 사람은 바로 나 자신이라는 점입니다.

가정 폭력, 도덕적 결핍의 가해자와 피해자 관계나, 지배와 폭력으로 오랫동안 옴짝달싹 못했던 경우는 그 배경에 공의존의 요인이 겹쳐 있을 가능성이 큽니다.

공의존 관계에 경계선 긋기

D의 경우를 읽고 어땠나요. 지금부터는 경계선을 포함해 공의존에 대해 설명하겠습니다. 공의존 관계야말로 경계선 문제가 크게 관련되어 있습니다. 공의존은 1990년대 이후 주로 미국에서 사회적 화제가 된 '관계성의 질병'을 가리키는 총칭입니다. 정신의학의 정식 명칭은 아닙니다. 점선 같은 경계선, 애매한 경계선을 가진 사람에게 겹쳐 생기는 것으로 마음의 경계선의 혼란을 말합니다.

본디 개인은 자기 자신이라는 윤곽(경계)이 있습니다. 공의존의 경우도 겉보기에는 경계가 있는 것처럼 보입니다. 그런데 공의존에 빠진 사람의 심리 속에는 자신의 윤곽이 애매해서 희미합니다. 타인과 관계를 맺으면 어디까지가 자기 자신인지 모르는 상황에 내몰립니다. 공의존 관계는 윤곽이 옅어지거나 겹쳐지고 때로는 일심동체가 된 듯한 환상을 낳는데, 서로의 성장을 방해하는 상황이 이어집니다.

한편 건강한 관계는 적당히 좋은 경계를 유지합니다. 그 경계가 겹쳐도 서로 확실한 자기 자신을 갖고 있기에 적절한 거리를 유지할 수 있고, 너무 침입했다 싶으면 그걸 느껴 조정할 수도 있지요. 그렇기에 자신뿐만 아니라 상대도 소중히 여깁니다.

공의존에서 벗어나려면 무엇보다 바람직한 경계를 유지하며 나다운 자신을 잃지 않는 게 제일 중요합니다.

분명한 윤곽(경계)을
가진 상태

건강한 관계

겹쳐도 유연하게 대처 가능,
자기 자신을 잃지 않는다

모호해서 윤곽(경계)이
없는 상태

공의존 관계

겹쳐지면서 서로의 경계에 침입,
자타의 구별이 없어진다

지나치게 민감한 아이

마음의 안전지대

중학교에 입학하자마자 교실에 들어가길 꺼리는 아이

중학생 E와 그녀의 엄마, 둘이서 상담하러 왔습니다. 공립초등학교를 졸업하고 같은 지역의 중학교에 올해 입학한 E. 작년까지 학교를 쉰 날은 독감에 걸렸을 때를 제외할 만큼 건강한 초등학생이었습니다. 그런데 중학교에 입학하자마자 점점 교실에 들어가는 것을 싫어했다고 합니다.

나: 싫어했다…는 것이 뭘 뜻하지요?

E: 지금 반에 초등학교 친구가 한 명도 없어요. 다른 초등학교 출신이 많아서 말 걸기도 힘들어요.

내 질문은 들었지만 위를 올려다보며 멍하니 있다가 10초 쯤 지나서 대답한 E. 나는 여중생인 E에 맞춰 천천히 이야기를 들어봅니다.

E: 같은 초등학교 출신끼리 이야기하고 있으면 끼어들 엄두가 안나요. 그리고 수업 때 선생님이 질문했는데 틀리면, 모르는 아이들의 시선이 느껴져서 괴로워요. 나는 여기 있으면 안 되겠다는 생각이 들어서 교실에 들어가는 게 무서워져요.

중학교 1학년 갈등과 HSP, HSC

10대 아이들에게 친구관계는 자신이 그 안에서 보호되기에 안심할 수 있는 심리적 공간의 하나입니다. 초등학교 때는 6년간에 걸쳐 친해진 아이들과의 학교생활이었지만, 중학교에 진학하면 인근의 초등학교에서 모인 많은 아이들과 섞여 학교생활을 시작합니다. 거기에 교과별로 담당 교사가 바뀌는데다 지금까지의 대인관계가 완전히 바뀌지요. 이른바 '중학교 1학년 갈등'은 어른의 상상을 초월해 아이들에게 큰 영향을 끼치는 변화입니다.

E는 최근 주목받고 있는 HSP (Highly Sensitive Person-아이에게 해당하는 것은 Highly Sensitive Child로 HSC)에 해당하는 성향임을 그녀의 엄마의 이야기에서도 느낄 수 있었습니다. HSP, HSC는 보통 사람보다 두 배나 섬세한 감각을 갖고 태어난 사람을 일컫습니다. 미국의 심리학자인 일레인 아론이 1996년에 제창한 개념입니다.

의학 전문용어는 아니지만 그와 관련된 책도 많이 출판되었습니다. 그 특질을 가진 사람은 과도하게 섬세할 뿐 아니라 만성적 스트레스에 의한 자율신경계의 두통, 현기증, 복통, 과호흡 등 신체 증상이 따르기도 합니다. 또한 등교거부, 집안에 들어박히기 등의 대인관계 문제, 사회 부적응이라는 형태로 나타나기도 하지요. HSP, HSC의 사람이 살아가려면 안전한 환경, 대인관계를 형성할 것, 그리고 본래의 '나다운' 자신으로 되돌리기 위해서라도 자신을 지킬 경계선을 능숙하게 그을 줄 아는 게 절대 필요합니다. E는 초등학교에서 중학교로 진학하면서 환경, 상황, 대인관계의 변화로 마음의 경계선이 혼란스러워졌고, 자신이 모르는 나라에 내팽개쳐진 이방인처럼 외롭고 무서운 느낌을 갖고 있었습니다. 나는 E에게 어떡하면 그 상황에서 빠져나올 수 있을지에 초점을 맞추고 이야기를 들었습니다.

마음의 안전이 위협받으면 '경계'를 치자

나: 갖고 있으면 안심되는 게 있나요? 가령, 좋아하는 할머니에게서 받은 선물이라든지….

E: 있긴 있지만….

E는 변함없이 멍한 자세입니다. 내 말을 전하기가 쉽지 않았지

요. 직감적으로 떠올린 표현을 그대로 써봤습니다.

　나: 그러니까 '경계'를 쳐서 자신을 지키는 것을 말하는 거예요. 중학교에 들어가서 주위에 모르는 아이들뿐이고 알고 지내던 아이는 한 명도 없고, 그래서 학생의 마음의 경계가 무너진 거고. 그러니까 다시 그 경계를 고쳐서 쳐야죠. 그런 의미에서 부적 작전!을 시작해볼까!

　그러자 멍하니 있던 E가 눈을 크게 떴습니다.

　E: 경계, 알아요! 만화에 많이 나오잖아요!

　E의 엄마는 왠일이지, 라는 표정을 지었고, 놀란 쪽은 오히려 나였습니다. E는 엄마가 어릴 때 유행했던 요괴, 음양사 시리즈 만화를 좋아해서 엄마와 같이 재밌게 봤다는데 중학교에 들어가면서 만화 이야기를 할 상대가 없어서인지, 만화 이야기가 나오자마자 좋아하는 캐릭터는 ○○○, 라고 들뜬 듯 입을 열기 시작하더니 캐릭터 그림이 들어간 부적 주머니를 엄마에게 만들어 달랬다는 이야기까지 쉬지 않고 단번에 해주었습니다. 그래서 나는 다음처럼 제안해보았습니다.

● 아침, 학교에 갈 때 자신을 격려해줄 것 같은, 평소에 좋아하는 캐릭터가 한 말을 몇 번이고 되뇌인다.
● 교실에 들어갈 때, 침울할 때, 부적을 꼭 쥐면서 한 번 더 그 말을 마음속에서 되뇌인다.

경계…
경계…

● 밤, 잘 때도 똑같은 의식을 거행한다.

나: '의식'은 매일 계속해보는 게 좋아요. 그러면 좋아하는 캐릭터의 말을 반복하는 것만으로도 경계선을 칠 수 있어요.

그 후 E는 어떻게 되었을까요. 엄마가 전해준 바에 따르면 매일 즐겁게 지내면서 '의식'을 거행한다고 합니다. 예전과는 달리 조금씩 반 아이들과 친해질 기회를 찾으려고 노력 중이라고 합니다.

경계는 특정한 누가 어떤 것으로 침입하는 게 아닌 지금까지 자신을 지켜준 환경(E의 경우는 초등학교라는 환경, 친구 관계)이 변하면서 위협받는 수도 있습니다.

말하자면 '스트레스를 받는' 상황은 거꾸로 말하면 마음의 경계에 어떤 변화가 일어났다는 뜻입니다.

E에게 제안한 '경계선을 쳐라', '그것을 실현하려면 자신의 부적 비슷한 것을 만들고 매일 의식을 거행하라'라는 자신을 지킬 수 있는 안전한 경계선을 긋는, E에게 알맞은 처방을 내린 것이지요. 경계선을 긋고 난 후 E는 '마음의 안전지대'를 되찾았습니다. 혹여 여러분도 자신의 경계선이 위협받는다는 느낌이 들면 마음의 안전을 느낄 수 있는 공간이나 물건을 찾거나 자신을 안심시킬 수 있는 문장들을 소리내어 말해보는 것이 큰 도움이 됩니다.

'누군가', '언젠가'라는 기대

영원한 소녀, 소년 신드롬

누군가 자신을 행복하게 해줄 것이라는 기대

어릴 때 본 디즈니 애니메이션 '백설공주', '신데렐라'에 등장한 공주의 모습에 자신을 투영해 '나한테도 멋진 남자가 나타나 결혼하자고 할 거야.'라고 행복한 미래를 꿈꾸었던 (판타지) 여성도 많을 겁니다. 그런데 소녀 시대로 끝나지 않지요. 어른이 되어도 기혼, 미혼에 관계없이 여성은 몰래 그 꿈을 간직합니다.

여러분은 어떤가요.

5년 전의 이혼을 생각하면 마음이 아플 때가 있다. 그래도 앞만 보고 살겠다. 그런 동기로 카운슬링 룸에 찾아온 F. 그녀도 결혼 당시는 똑같은 희망을 품고 있었다고 합니다.

F: 결혼 당시는 남편이 날 행복하게 해줄 거라고 생각했어요. 그런데 살아가면서 작은 일들이 겹쳤고 남편을 비난하는 일이 많아졌어요. 창피한 말이지만 행복한 결혼 생활을 위해 나는 노력하는데 잘 안 된 이유는 남편 탓이라고 생각하면서 갈수록 화를 많이 냈어요.

나 : 괴로운 시기를 보내셨네요. 앞으로는 지금까지와 똑같은 패턴을 반복하고 싶지 않겠네요. 이야기를 듣고 보니 결혼 생활의 파탄은 어릴 때의 영향도 있는 것 같은데 이야기를 더 들어보고 싶네요.

어릴 때의 어리광 부족, 애정 부족

F: 있는 그대로의 자신이 될 수 없는 차가운 가정에서 자랐어요. 당시의 나는 부모의 요구 수준에 못 미치는 못난 아이라고 생각했지요. 부모에게 어리광도 제대로 못 부렸어요.

나 : E님은 어리광 부린 경험이 거의 없는 채 어른이 되었을지도 몰라요. 어리광은 인생에 불가결한 요소입니다. 충분한 어리광을 체험하지 못하고 어른이 되면 자신에 대한 신뢰를 키울 수 없어요. 자신을 못 믿으면 자신의 미래, 관련된 사람들을 신뢰하거나 존경할 수 없거든요. 어리광이라는 주제는 의존성, 약물 문

제에도 관련된 중요한 키워드입니다.

F: 결혼 생활이 잘 안 풀리면 나는 무조건 남편 탓이라고 했고 부부싸움이 끊이질 않았어요. 진짜 화가 많이 났지요. 돌이켜보니 이상한 기분이 들어요. 남편이 바람피운 것도 아니고, 폭력, 폭언도 없었는데 말예요. 그 문제를 깊이 파고 들어가보니 뜻하지 않게 깨달은 게 있었습니다.

F: 부모는 이루어주지 못했지만 그 대신 결혼상대는 당연히 나를 행복하게 해줄 것이라고 믿었어요.

나: 지금 굉장한 사실을 깨달은 것 같네요. 많은 여성이 말하는 '백마 탄 왕자 신드롬'이예요. 말하자면 자신의 행복을 누가 대신 책임져 줄 거라고 생각하는 거지요.

F: 그 때 알았다면…, 당시의 나는 전혀 몰랐어요. 어릴 때의 애정 부족이 결혼 생활에도 영향을 끼치고 남편에게 불만이 쏠린 다는 걸. 영원한 줄 알았던 결혼생활도 무참히 깨졌고….

심리학에서는 부부나 연인같이 심리적 거리가 가까운 관계는 과거의 부모와의 관계가 재연될 가능성이 크다고 합니다. F부부도 마찬가지였겠지요.

행복은 누가 줄까?
경계선은 사랑을 성숙시키는 대인관계의 토대

누구나 행복하고 싶은 마음은 굴뚝같지만, 무엇이 자신의 행복인지 본인조차 막연한 경우가 많습니다. 자신의 행복은 누가 대신 해줄 수 있는 게 아니지요. 백마 탄 왕자 신드롬을 가진 여성은 자신의 인생에 대한 책임을 '왕자=다른 누군가'에게 떠맡깁니다. 그 책임이 누구에게 있는지 그 경계선이 자신도 애매모호합니다. 바람직하지 않는 의존, 일그러진 어리광이라고 불러도 좋겠지요. 그렇다고 모든 의존, 어리광을 부정하지는 않습니다. 바람직한 의존, 필요한 어리광이 가능한 관계는 어른에게도 에너지의 원천이자 불가결한 요소입니다. 왕자 신드롬이 나쁜 것은 아닙니다. 자각하지 못하기에 여러 문제를 일으킵니다.

만일, 부푼 꿈을 가진 영원한 소녀가 원하는 행복을 왕자가 가져다주지 않으면, '이런 사람인줄 몰랐다!', '환상이 깨졌다. 무참하다!', '어쨌든 상대가 나쁘다! 상대가 날 불행하게 만들었다!'라고 분노하면서 왕자를 책망합니다. 최악의 경우 사랑하는 사람을 잃게 됩니다. 결혼뿐 아니라 커플 관계에서도 자주 일어나는 현상입니다. 그렇다고 여성 특유의 현상도 아닙니다. 남성이 그러한 생각에 함몰되면 가정 폭력, 도덕적 희롱으로 상대를 지배하거나, 반대로 자신의 무력감을 탓하며 동정을 얻으려고 '나같은 놈은 죽는 게 나을 거야….'라며 상대의 관심을 끌려는 극단적인 행동도 서슴지 않습니다.

나중에 아들러의 '과제의 분리'에 대해서도 설명하겠지만 자신의 인생인 이상, 우리는 자신을 행복하게 할 책임이 있습니다. 아무리 친한 관계라도 자신의 책임을 상대에 떠맡길 수는 없지요. 부부나 연인 사이가 되면 가까워지면서 둘이 하나가 된 것 같은 환상이 생깁니다. 아무리 친한 사이라도 일심동체는 일시적이지 영원히 계속되지는 않습니다. 책임의 경계선을 분명히 긋고, 이것은 누구 책임인지를 늘 자문하는 태도가 행복한 인생을 영위하는 첫 걸음입니다.

F는 자신의 백마 탄 왕자병 신드롬을 깨닫기 시작하면서 대인관계에도 변화가 생겼습니다. 그 후, 앞으로의 인생을 함께 살아가고 싶다는 멋진 남성과 만났습니다.

F: 부끄럽지만, 전 남편을 존중해본 적이 없어요. 날 행복하게 해주는 게 당연한 의무라고 꽤 오만한 태도를 보였거든요. 하지만 지금 사귀는 그는 마음으로부터 존중할 수 있어요. 나 자신의 경계가 분명해졌거든요.

다른 사람과의 사이에 책임의 경계선을 능숙하게 그을 수 있다면 우리는 자신의 세계를 지킬 수 있고 안심할 수 있습니다. 그

러면 대인관계도 원만해지지요. 경계선은 돌고 돌아 두 사람을 이어주는 인연이 됩니다. 즉, 대인관계를 받쳐주는 중요한 요소의 하나입니다.

> 일심동체를 계속 바라는 커플을 심리학에서는 '공의존 관계'라고 부릅니다. 반대로 심리적 거리가 가까워지면서 부담을 느끼거나, 친밀해지는 것에 저항감을 느끼거나, 피하는 심리는 '의존'에 대한 '회피'의 문제가 생깁니다.

아이와 어른의 경계에서 살아가는 '영원한 소년'

여성의 백마 탄 왕자 신드롬과 비교해 남성은 '영원한 소년 신드롬'이 있습니다.

영원한 소년은 일상적으로 사용되는 말이지만, 융 심리학에서는 '사춘기 상태에 계속 멈춰 있기에 어른이 되지 못하는 남성'을 일컫습니다. 나다운(있는 그대로) 자신을 구축하는데 아주 중요한 주제이기도 합니다.

"8년이나 사귀었는데 결혼까지는 잘 안 되네요. 아기도 낳고 싶은데 벌써 35살을 넘겼고 요즘에는 거의 포기 상태예요."

결혼하고 싶은데도 그 희망이 이루어지지 않는 30대 후반에서 50대에 이르는 여성들이 카운슬링을 받으러 오는 경우가 적지 않습니다. 사귀는 남자에 관한 이야기를 들어보니 영원한 소년 타입이 많았습니다. 왜 그들은 결혼을 얼버무리는 걸까요.

한 마디로 '자신의 시기가 아직 오직 않았다.'라고 생각합니다. 그래서 결단을 못 내립니다. 그들은 '영원한 청년'이 아닙니다. 하지만 몇 살이 되어도 소년인 채로 있습니다. 융의 마지막 제자로 알려져 있는 심리분석가 마리 루이제 폰 프란츠에 따르면 그들을 알아볼 수 있는 대표적 특징과 심리 상태는 다음과 같습니다.

1. 지금 상태를 '임시의 삶'이라고 생각한다.

영원한 소년은 현재에 만족하지 못합니다. 자신은 본디 특별한 존재, 더 인정받아야할 존재라고 생각합니다. 언젠가 나는 세상을 바꿀 것, 나는 그런 능력이 있다는 자만심도 있지요. 여러분 중에는 그럴 리가 없다고 의문을 갖는 사람도 있겠지요. 하지만 누구나 자신의 어린 시절을 되돌아보면 똑같은 생각을 품었을 겁니다. 엄마를 구해주는 슈퍼맨이 되겠다, 같은 꿈이지요. 그 꿈의 연장선상에 있을 뿐입니다. 언젠가 큰일을 해낼 것이라고 믿었던 사람이 반드시 있을 겁니다. 그 자체는 부정할 필요가 없습니다. 오히려 젊은이 특유의 미래 지향적인 희망이지요. 영원한 소년은 좋든 나쁘든 말 그대로 꼭 같은 감각을 어른이 되어도 갖고 있습니다.

2. '꿈꾸는 도중', 그냥 꿈만 꾸고 있는 미숙한 어른

자신을 영원한 소년이라 여기며 사는 중년이나 장년이 되어도 미숙한 어른이 많습니다. 마음은 늘 '조금만 더 있으면'이라는 상태로 현실을 살면서도 꿈꾸는 도중이라서 현실감각이 없습니다. 앞서 언급한 폰 브란츠는 다음처럼 표현합니다.

"그들은 나이를 먹어도 젊은이의 매력을 갖추고 있다. 샴페인처럼 경쾌하다. 다채로운 주제로 상대나 주위 사람을 기분 좋게 해준다. 자신이 주목받지 못하는 것을 견디지 못하며 직설적 화법을 선호한다."

겉모습뿐 아니라 내면도 매력적인 사람으로 보이지 않나요. 하지만 따지고 들어가면 말은 그럴싸하지만 결단력이 약하고 연령에 걸맞는 실행력이 뒤따르지 않습니다. 또한 친밀한 관계에서는 그 미숙함이 그대로 드러납니다.

3. 자유를 사랑하고, 속박을 싫어한다.

영원한 소년은 실제로 누군가와 사귀는 단계까지는 효력이 있습니다. 연애는 영원한 소년이 좋아하는 두근거림, 흥분이 넘치는 꿈의 세계이니까요. 그런데 서로에게 헌신하는 어른다운 지속적인 관계를 회피하는 경향이 있습니다. 가령, 영원한 소년 타입의 남성은 여성과 사귀어도, 40살이 되고 50살이 되어도 무작정 마이 페이스를 고수합니다. 상대 여성이 결혼 이야기를 꺼내도 영원한 소년은 결혼을 결정하지 못합니다. 아니 결정할 수가 없지요. 그는 자유를 사랑하는 반면, 계속 헌신할 힘 즉, 책임이라는 경계선을 스스로 긋는 힘, 그리고 계속 사랑할 의지가 없기 때문입니다. 그녀를 좋아하면서도 왜 망설일까요. 영원한 소년은 '언젠가 자신은 ○○○이 될 거야.', '지금은 그 시기가 오지 않았을 뿐.'이라며 아무리 시간이 흘러도 자신의 삶에 만족하지 못합니다. 그러면서 말하지요.

"친구로 계속 지낸다면 몰라도….'

폰 브란츠는 말합니다.

"영원한 소년인 채로는 결코 알맞은 상대가 나타나지 않는다. 언제까지나. 하지만, 그런데…, 라고 방어막을 치면서 어떤 사람과의 관계도 불가능하게 만든다."

영원한 소년은 속박되는 걸 무척 싫어합니다. 상대가 누구든 결혼은 그에게 '속박되는 이미지'가 따라 다니지요. 영원한 소년에게 출산을 비롯해 여성 자체가 속박을 의미하기 때문입니다. 그래서 여성과 사귀어도 지속적 관계는 답답하게 느끼고 약속 같은 것을 싫어합니다. 그렇게 모든 게 겹치면서 상대와의 관계도 시들해집니다. 그리고 자신을 지키려고 관계를 끊거나 새로운 상대를 찾아 나서지요. 네버랜드에 살고 있는 피터팬, 무민 시리즈의 스너프킨은 아무리 시간이 흘러도 영원한 소년입니다. 그들은 꿈 속에 사는 사람, 여행하는 사람으로서 그대로 일생을 마칠까요. 어떤 계기가 그들을 성숙하게 만들 기회를 줄까요. 그 힌트는 이 책 마지막에서 다루어보지요.

아이에게 '안 돼!'라고 해야 할까?

의존의 메커니즘

아이에게 스마트폰을 사줄까 말까

G는 중학교 1학년의 아들을 둔 아빠입니다. 그 아들에 관해 한숨을 섞어가며 말했습니다.

G: 아들의 친구는 모두 스마트폰을 갖고 있어요. 스마트폰은 아직 빠르다고 생각했는데 동아리 연락용으로 필요하다, 모두 갖고 있는데 왜 나만 안되냐고 졸라대는 지경입니다. 행동범위가 넓어지는 중학생에게 스마트폰은 필수겠지만, 여전히 망설여져요. 어떻게 생각하나요?

나는 오피스에서 일반 카운슬링을 겸해 공립학교의 스쿨 카운슬러도 하고 있는데, 이런 상담은 많은 학부모에게 받는 단골 주

제입니다. 얼핏 아이만의 문제라고 보일 수도 있는 스마트폰이지
만 실은 어른이 얼마나 능숙하게 경계선을 그을 수 있을지 즉, 나
다운 자신을 발휘할지에 관한 중요한 주제입니다. 여기서는 스마
트폰을 사주는 어른을 대상으로 해보겠습니다.

나: 스마트폰의 뭐가 문제가 되나요?

G: 스마트폰으로 게임, 유튜브에 빠질까봐 걱정이지요. 공부에
악영향을 끼치고 아침에도 제대로 일어나지 못하면 학교 수업에
도 지장이 있겠고….

나: 그러니까 의존 상태가 된다는 말씀이네요.

G: 맞아요. 게임 중독에 대해서도 말이 많잖아요.

나: 의존성인지 알아보려면 아이가 정말 좋아서 게임을 하는
지 아니면 괴로운 현실에서 도피하려고 그러는지를 분간해야 합
니다.

G: 괴로운 현실이라고요?

나: 예. 이를테면…

아이가 갖고 노는 스마트폰 게임의 배경에는 가정불화, 발달장애

나는 G에게 아이들이 스마트폰 게임에 의존하는 배경을 말해주었습니다. 두 가지 배경이 있습니다. 첫째는 가정에 긍정적 분위기가 있는지의 여부입니다. 부모와 늘 부정적 언어부터 시작하는 대화 즉, 아이를 존중해주지 않으면 아이는 부모에게 거부당했다고 느껴서 게임의 세계로 도피하기 쉽습니다. 부모의 불화, 과격한 입씨름도 아이에게는 괴롭지요. 부모 자신이 게임 의존인 경우도 아이의 마음을 갉아먹는 요소입니다. 둘째는 아이 자신의 특성적인 면입니다. 학습장애, 발달장애가 있다면 학교 공부가 어렵고 당연히 재미가 없어집니다. 하지만 학교에 가지 않을 수는 없지요. 그러면 달성감을 위해 스마트폰에 의존합니다. 부모가 아이의 학습상황 가령, 학교의 생활, 가정에서 하는 공부, 테스트 결과에 평소에 관심을 기울이면 뭔가 이상하다는 점을 알아차릴 수 있습니다.

G: 그렇군요. 스마트폰 의존에 그런 배경이 있었네요. 나 같은 경우는 아내와 매일 대화를 나누기에 부부사이는 괜찮은 편입니다. 아이 공부는 가끔 연습문제 풀이나 테스트 결과를 보곤 하지만 발달 장애는 없는 것 같아요. 스스로 공부하는 아이거든요. 다

만…,

나: 뭔가 신경 쓰이는 게 있나 보군요.

G: 나는 아이를 부정할 생각은 아니었지만 가끔 왜 그것밖에 못하냐고 말하거든요. 그러면 아내는 '그렇게 말하면 아이는 고압적으로 받아들인다, 그러면 아이가 뭔가 의논도 하기 전에 아빠한테 말해도 소용없다고 생각한다. 당신의 심정은 내가 알기에 중간에서 아이에게 설명하지만 당신도 달리 생각을 해보라' 라며 잔소리를 해요.

나: G님도 이미 알고 계시네요! 대개는 배우자한테 지적 받아도 의도적으로 귀를 기울이지 않는 사람이 많거든요. 좋네요. 지금부터는 어떻게 아이와 대화를 나눌지 생각해볼까요. 우선 아이와 대화를 나누기 전에 기초 준비부터 할게요.

아이와 이야기하기 전의 기초 준비와 우리 집만의 규칙 만들기

나는 다음 4가지 기초 준비가 필요하다고 G에게 전했습니다.

1. 부모가 왜 스마트폰 휴대를 반대하는지를 자세히 설명해준다.

2. 가정 분위기, 부부관계가 어떤지, 아이의 학교생활이 어떤지를 미리 살펴본 후 아이가 스마트폰에 의존하는지의 여부

를 알아본다.

3. 부모가 스마트폰, 일반적인 SNS에 대해 사전에 대략 학습해
   둔다.

4. 부부가 의논해서 아이를 위해 소중하게 여겨야 할 포인트를
   분명히 해둔다. 가령, 하루 제한시간, 사용시간대, 사용할 수
   있는 앱, 잠금 기능의 설정 유무, 필터링 기능, SNS에 대한
   리스크 매니지먼트 등.

이 중 4는 스마트폰 대책의 전문적인 방법이라고 오해하기 쉽지만, 부모로서, 부부로서 혹은 어른으로서의 그릇 즉, 나다운 자신으로 있을 수 있는지의 여부를 스스로 점검하는 것입니다. 다행히 G와 그의 부인의 관계는 괜찮았지만, 앞으로 아이에 대한 준비를 하면서 부부끼리 격렬한 논쟁을 벌이면 스마트폰의 문제는 아이의 문제를 벗어나게 됩니다. 그 이전에 부모, 부부의 문제가 되기 때문이지요.

G: 그렇습니까. 아내에게는 진심으로 고마워하고 있습니다. 그런데 솔직히 말해 최신 기기에 대해 아는 게 별로 없어요. 하지만 말로만 아이를 단속할 수도 없고. 아내가 나름대로 잘 알고 있으니까 아내한테 배워야겠지요.

나 : 배워야 한다…, 좋네요. 집안일은 모두 부인한테 맡기고,

아이 문제는 생각만해도 골치아프다는 시대 뒤떨어진 남성이 여전히 많거든요.

규칙을 정하고, 필요에 따라 아이와 대화를 나눈다.

G: 부모가 규칙을 정할 때 강약 조절이 힘들 것 같아요. 마음 같아서는 유튜브도 하루에 1시간으로 제한하고 싶거든요.

나: 우선은 가정의 규칙을 만드는 의미를 전합니다. 규칙은 강력한 경계선입니다. 아이는 일상의 규칙을 지킴으로써 적절한지 부적절한지 그 경계선에 대한 기초를 배웁니다. 그리고 아이의 성장 상태에 따라 어떤 규칙을 설정할지의 여부는 어른으로서의 나다움 즉, 훌륭한 인격체인지의 여부를 묻게 되는 중요한 대목이기도 합니다. 규칙이 있고 없고의 문제 이전에 이 점을 분명히 가슴에 새겨두는 게 좋습니다.

G는 웃으면서 고개를 끄덕였습니다.

나: 아이한테 제안해보세요. 가령, 스마트폰을 밤 몇 시까지 제한해도 저녁식사나 학원 수업 중에는 어렵잖아요. 그러면 정 어려우면 말하라고 아이에게 미리 말해두세요. 아이가 대화를 요청

하면 거기에 맞춰 미세하게 조정합니다. 아이와 부모가 함께 대화해서 이해하는 지점이 바로 가정의 규칙입니다. 그러면 아이도 스스로 이해했기에 규칙을 어기지는 않습니다. 대화, 미세조정이 필요한 것은 규칙을 결정하기 위한 규칙입니다. 부모가 심한 규제를 하지 않는 게 관건입니다. 즉 신뢰의 토대가 없으면 안 되지요.

G: 아이가 중학교에 올라가면서 말할 기회가 확 줄었어요. 가정에서의 대화가 그토록 중요하군요.

나: 부모와 자식, 그리고 부부 사이에 진심어린 대화를 지속적으로 한다는 것은 아이의 미래에 보이지 않는 재산을 만들어줍니다. 물론 실제적 행위는 어디에서든 볼 수 있는 특별할 게 없는 것이지요. 하지만 아이에게는 부모로부터 자신과 자신의 의견을 인정받는 체험을 갖게 되고 자기 긍정, 자기수용에 큰 영향을 끼치는 동시에 아이가 나다운 자신을 형성하는 고리가 됩니다. G님 부부의 모습은 아이가 미래에 가질 부부모델, 가정모델이 됩니다. 하지만 아이가 일방적으로 요구하거나 대화를 거부하는 경우는 그 시점에서 스마트폰을 쓰지 못하도록 판단해서 빼앗는 것도 하나의 방법이 될 수 있습니다. 그러한 방법도 능숙한 경계선을 긋는데 도움이 됩니다.

G: 아무렇지도 않게 가정에서 나누는 대화라도 아이의 미래에 무척 많은 영향을 끼치는군요. 등골이 오싹하네요. 비록 스마트

폰, 게임이라도 아이와 정중하게 대화를 나누는 자체가 아이에게 '우리 집이 너무 좋아', '나는 행복해'라고 느낄 체험을 선사해주는군요.

G에게는 처음에 살짝 언급했는데, 여기서 다시 의존이 왜 일어나는지를 설명하겠습니다.

게임, 스마트폰, 유튜브 자체가 나쁘지는 않습니다. 과도하게 의존하는 이유는 삶이나 생활 속에서 기쁨, 좋은 관계, 사랑을 느끼지 못하기 때문이지요. 그래서 손쉽게 자극을 얻을 수 있고 잠시 동안의 행복감에 젖어드는 게임, 유튜브에 몰두합니다. 그 시간만큼은 기분이 좋을지도 모르지만, 자기 자신이 공허하기 때문에 의존하던 것에 접촉하지 않으면 힘들고, 생각이 자주 납니다. 그래서 손대면 가볍고 일시적인 기쁨에 젖습니다. 이 반복이 의존의 메커니즘입니다. 어른의 알콜의존증, 약물의존증, 게임의존증, 도박의존증, 섹스의존증, 공의존 같은 의존에는 모두 이 메커니즘이 스며있습니다. 일상을 소홀히 할 만큼 일에 몰두하는 것도 실은 의존의 메커니즘이 작동하고 있습니다.

본디 아이는 세상에 대한 호기심으로 가득합니다. 사춘기가 되면 충동을 억제할 수 없기도 하지요. 결과가 어떻게 되든 상관없이 자신의 경계선을 충동에 맡기는 행위도 사춘기에 자주 발생합니다. 어른들이 할 수 있는 것은 아이가 자신의 충동을 조절할 수 있도록 일상에서 적절한 규칙을 제시하고 조절의 연습 기회를 주어 필요에 따라 조언하거나 가볍게 조정하는 것이지요.

그레이트 마더 넘어서기
'온실 속의 딸, 아들' '말 잘 듣는 착한 아이'의 비극

그레이트 마더(모성애, 대모)라는 말을 들어본 적이 있나요?

그레이트 마더는 대인관계의 근본에 있는 부모 자식관계, 부부의 경계선 문제, 지금까지 언급한 의존, 어리광과 관련 있는 흥미 깊은 주제입니다. 이 말은 융 심리학의 원형론에서 비롯되었습니다. '모친이 아이에게 미치는 영향은 꼭 개인으로서의 모친에 유래하지 않는다. 겉보기에는 모친 개인의 특질로 보이지만 실은 무의식중에 갖춰진 만국 공통의 모성애의 이미지, 특질에서 유래한다.'는 의미입니다.

모성애의 이미지를 '그레이트 마더'라고 부릅니다. 그레이트 마더는 강렬한 느낌을 주는 언어로 긍정적-부정적인 양면이 있습니다. 긍정적 측면은 '모든 것을 부드럽게 감싸는 대자연, 끝없는 지혜, 자애로움, 성장과 풍요를 촉진하는 것'이고 부정적 측면은 '암흑, 나락, 모든 것을 빨아들이는 죽음, 저세상, 피할 수 없는 소름끼치는 것'의 요소와 의미를 지닙니다. 말하자면 좋은 엄마, 나쁜 엄마의 이미지이지요.

'아이는 이러한 이미지를 자신의 엄마에게서 늘 보고, 가정에서도 느낀다. 엄마 개인도 그 이미지에 사로잡혀 가정이라는 장소, 분위기 자체가 그 모두를 대변할 때도 있다.'라고 융 심리학에서는 말합니다.

'영원한 소년'에서 언급했지만 엄마와 자식 사이에 그치지 않습니다. 연애나 부부 사이에도 똑같은 현상이 일어납니다. 가령, 일반적인 여성의 언행과 요구에도 남성은 마치 자신의 엄마에게 묶여있는 듯한 답답함을 느끼지요. '전화해', '언제 시간 나?', '못 보니까 외로워', '빨리 와'처럼 별거 아닌 말에도 말이죠. 즉 개인을 초월해서 엄마의 이미지가 대인 관계를 움직이고 있습니다!

임상심리학 대가이자 일본에 융 심리학을 크게 전파시킨 가와이 하야오는 일본사회와 일본인은 그레이트 마더에 심층적으로 붙들려 있다며 우리의 근본에 관한 과제를 던져주었습니다. 그는 그레이트 마더에 관련된 전래 동화로 '우라시마 타로-거북이를 구해준 대가로 우라시마 타로가 용궁으로 초대받는 이야기-옮긴이'를 꺼내듭니다. 우라시마 타로가 용궁에서 용과 시합을 벌여 성장한다는 스토리가 아닌 딸과 행복하게 잘 산다는 결말에 주목합니다. 즉, 성장을 위한 역경을 겪는 게 아닌 용궁에서 맥없이 생활하면서 세월이 흘러도 시간 감각이 마비되고, 영원한 소년처럼 어른의 삶을 영위하지 못하고 뿌리 없는 풀처럼 지내고 만다는 것이지요. 남성에 국한된 말은 아닙니다. 남녀를 불문하고 지금으로 따지면 경제적으로 풍족해도 40대, 50대가 되어도 눈에 보이지 않는 배꼽으로 엄마와 연결된 어른 세대도 있다는 걸 알아두면 좋겠네요.

결혼했는데도, 자주 친정(시집)을 가거나, 파트너보다 늘 부모나 친정, 시댁을 우선하는 사람은 부정적 그레이트 마더에 휩싸였을 가능성이 큽니다. 동시에 지금은 결혼을 안 하거나 부모와 함께 동거하면서 집에만 틀어박힌 어른이 많아지는 현상도 그레이트 마더의 현상이 배후에서 끼치는 영향일 수도 있습니다. 그 현상이야말로 부모의 인생과 자신의 인생의 경계가 혼란을 겪는 상태입니다.

부정적 그레이트 마더에서 벗어나려면 어떻게 할까요.

그 힌트는 '마음을 열고 말할 수 있는 상대와 지속적 관계를 갖는 것', '고통이 수반된 부와의 심리적 결별'입니다. 하지만 쌍둥이 같은 모녀지간, 온실 속 딸 아들처럼 지금까지 착한 아이로서 부모의 기대에 맞추면서 별로 의문을 갖지 않고 수십 년 간 살아온 사람에게 자신만의 인생을 살라고 말하면 무척 어렵겠지요. 만일 자신만의 인생을 살려고 생각했다 쳐도 새로운 장벽이 나타납니다. 가령 부모에 대한 죄책감, 나이든 부모를 버리는 게 아닐까, 부모가 원치 않는 삶은 오히려 불효가 아닐까, 이래저래 고민하며 주저합니다. 하지만 융은 말합니다. '그것은 상징적인 부모

죽이기이자 정신적 자립의 첫걸음'이라고 말입니다. 사람은 평생 동안 고통을 수반하면서도 한발씩 내딛습니다. 그러면서 자기자신이 되어가지요.

제3장

선을 넘는 행동에는 어떤 두려움이 숨겨져 있을까?

타인의 경계선

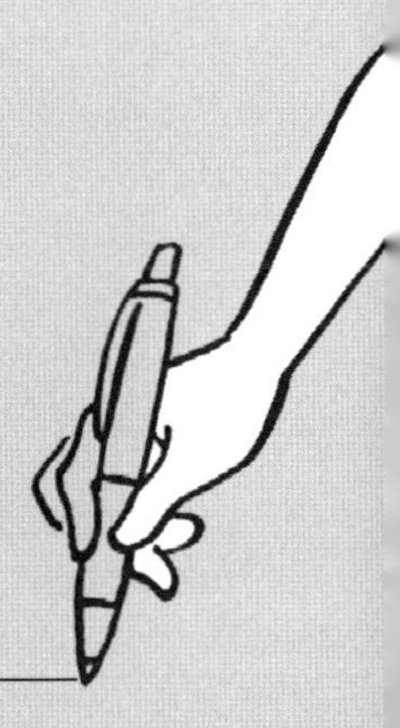

파트너의 스마트폰 엿보기

트라우마의 재현

**남편의 불륜 발각, 휴대폰을 몰래 훔쳐보는
행위를 멈출 수 없다.**

'사실은 알고 있어요. 나쁜 짓이라는 걸.'

H는 지금까지 남편의 이메일, 전화 수신이력, 지갑에 든 영수증, 신용카드 명세서를 밤마다 체크했다고 합니다. 프라이버시 침해로 파트너와의 관계를 악화시키지요. H도 알고 있지만 불안하고 또 불안해서 들여다보지 않을 수가 없었어요, 라고 말합니다. 나는 그 상황도 경계선의 혼란에서 비롯되었음을 설명하기 시작했습니다.

나: 그 정도면 관두기도 힘들겠네요…. 원래는 친한 사이에도 에티켓을 지켜야 한다는 걸 알고 계신거지요. 상대의 허가 없이

사적인 영역을 침해하면 경계선이 두 사람 사이에서 모호해졌기 때문이에요. 그러면 자신이나 상대도 소중히 할 수 없지요. 그런데 그런 상황까지 가려면 사정이 있을 텐데요?

H: 사실은 남편의 불륜으로 시작되었어요. 남편을 사랑했기에 큰 충격을 받았어요. 내 입으로 말하기는 그렇지만 그때까지만 해도 상식적인 인간이라고 자부했거든요. 그런데 그 후로는 내 자신을 믿기 어려울 만큼 그런 일을 해서…, 막나가게 되었네요.

고래고래 소리 지르고, 난동부리고, 와인 병까지 집아 던지며…, 통제 불능

H: 집안에서 고래고래 소리 지르고, 난동을 피웠어요. 분노, 슬픔, 고통이 마음속에서 화산처럼 터졌어요. 남편한테 와인 병까지 집어던졌으니까요.

산산조각난 유리 파편이 사방으로 튀고 하얀 벽지는 빨갛게 물들었다고 합니다. H의 마음이 입은 깊은 상처가 내게도 느껴졌습니다.

나: 통제 불능의 상태가 많다면 현재의 고통이 과거의 마음의

상처를 파헤쳐 뒤집어놓기 때문입니다. 지금 받고 있는 대미지 이상의 공격성을 돌출시켜 자신을 비롯해 파트너에게 고통을 줍니다. 내가 말하는 과거의 마음의 상처는 부모 자식 간의 끝나지 않는 문제를 말합니다.

H: 무슨 말이죠?

'아이 방의 유령'으로 끝나지 않는다. 트라우마의 재현

B의 '아이 방의 유령'과도 겹치지만, 이성으로는 풀리지 않는 깊은 슬픔, 불안, 분노에 휩싸이면 어릴 적의 문제가 그 배경에 숨어있는 수가 많습니다. H도 마찬가지였습니다.

H: 어릴 때, 마음 놓을 장소가 없었어요. 부모가 있었지만 늘 혼자라서 외로웠지요…. 그래서 남편과 화목한 가정을 꾸리고 싶었는데….

나: 어릴 때 부모에게 있는 그대로의 자신을 인정받지 못하고 적당한 어리광도 부리지 못했다면 그게 어른이 되어서도 지금처럼 모든 게 엉망진창이 되는 원인이 되어 분노가 분출할 때가 있습니다. '트라우마의 재현'이라고 하지요. '결국 나를 또 버려!' 혹은 또 배신당했다는 악순환에 빠집니다. 처음인데도 '결국, 또'라

고 느끼면 현재의 일이 과거의 트라우마와 겹치기 때문이지요. 그래서 자신을 안심시키려고 남의 휴대폰을 들여다보게 된 것이죠.

의심, 배신이 전제가 되면 부부 관계는 깊어지지 않는다.

H: 일단 습관이 되니까 생지옥이었어요. 별 것도 아니니까, 라고 자신을 납득시키면서 휴대폰을 훔쳐봐요. 그렇게라도 안 하면 불안감이 몰려와요. 감시하면서 애정확인도 하려면 한밤중에 휴대폰 체크를 하지 않고는 못 견뎌요.

나: 그런 행위는 상대가 배신할 것이라는 전제가 있고, 의심이 이미 존재하는 상태지요. 계속 의심하면서 부부간의 애정이 깊어질 것이라고 생각하면 무리예요. 이 사실을 이해하는 게 중요합니다.

H는 고개를 숙이며 후우, 깊은 한숨을 내쉽니다. 뭔가 결심했듯 내 눈을 똑바로 쳐다보며 말했습니다.

H: 언젠가 관두려고 생각했어요. 내가 남편을 신뢰할 수 있도록 힘이 되어 주시겠어요?

나는 크게 고개를 끄덕였습니다.

멋대로 상대의 방에 들어가는 것,
물건을 버리는 것도 경계선 침해

불륜이 불안해서 휴대폰 체크를 하는 행위는 물론이고 상대가
소중히 여기는 것을 허락도 없이 사용하거나 버리거나, 멋대로
방에 들어가거나, 저축한 돈을 찾아오거나, 빌린 돈을 갚지 않은
것은 모두 상대의 경계선을 침해하는 행위입니다.

상대를 자신의 종속물, 자신의 물건, 지배하에 두려는 행위로
어떤 의미에서는 미숙한 마음이지요. 나다운 자신이 되지 못하기
에 일어납니다. 비슷한 현상이 부모자식 간에 자주 일어납니다.
가정이라는 폐쇄된 공간은 바깥에서는 보이지 않는 형태라서 문
제되는 게 아니라 아이의 성장을 저도 모르게 갉아먹기 때문이지
요. 4장에서 이 문제를 깊이 다루고 부모가 사랑과 교육이라는 이
름의 지배로 아이의 세계를 얼마나 위협하는지를 설명하겠습니
다.

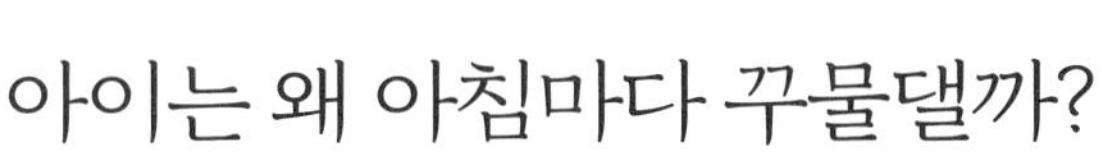

아이는 왜 아침마다 꾸물댈까?

과제의 분리

아이가 혼자 등교할 수 없어 고민하는 엄마. 그 불안 속에는…

아이가 초등학교에 입학하면 학교에 관련된 모든 것에 부모는 신경을 씁니다. 아무 탈 없이 등교하고, 친구도 많이 사귀기를 기대하는 게 부모의 심정인지도 모릅니다. 아이가 모두 그 기대에 부응할 수는 없지요. 부모가 원하는 대로 따르지 않는 아이도 많습니다. I는 자녀의 등교 때문에 골머리를 앓고 있었습니다.

I: 초등학교 5학년인 딸 때문에 괴로워요. 아침에 일어나도 꾸물거리고, 내가 재촉해서 학교까지 함께 가지 않으면 교실에도 들어가지 않아요. 그래서 늘 몇 시간씩 등교가 늦어요. 학교는 좋다고 말하는데 뭐가 원인인지 진짜 모르겠어요. 수업이 싫은 것

도 아니고 시험 점수가 나쁘지도 않거든요. 성격이 밝은 친구도 많아요. 지금까지 특별히 문제를 일으키지도 않았고 나한테 반항한 적도 없었어요. 혹시나 싶어 병원에 가서 각종 검사를 받았는데 아무 문제도 없었고요. 그래서 갑자기 학교에 가지 않는 이유는 애가 너무 제멋대로인 게 아닌가 생각해요. 올해부터 동생이 유치원에 다니기 때문에 아침에 둘을 챙겨야 하거든요. 거기에 요즘 들어서 왠지 초조해진 것도 같고, 오히려 내가 폭발할 것 같아요. 어떡하면 순조롭게 등교를 시킬 수 있을까요?

이야기를 들어보니 딸이 혼자서 교실에 들어가려고 하지 않는 것 이상으로 I 자신이 오히려 지금의 상황에 쫓기고 있었습니다. 더 소중한 게 분명히 있을 거라는 느낌이 들었습니다.

나: 따님이 아침에 꾸물대면서 혼자서 교실에 들어가지 못하는 상황이 이어진다고 가정해보지요. 어떤 일이 일어날까요?

I: 2년 후에는 중학생이 되잖아요. 지금도 아침에 꾸물대서 공부에 지장을 초래하고 있거든요. 지금 상태가 이어지면 현실은 무척 어렵겠지요. 중학교는 내신점수가 있으니까. 매번 지각하면 수업태도 불량으로 처리되겠지요. 내신점수가 안 좋으면 희망하는 고교에 진학할 수도 없고요. 평균점수가 높은 고교에 들어가지 못하면 대학에 가는 것도 어렵겠고. 내가 젊을 때는 집안 사

정으로 대학 진학을 못했어요. 사회에 나가보니 그게 얼마나 후회가 되던지. 그래서 딸한테는 혼자서 등교하고 열심히 공부해서 자립할 수 있는 힘을 키워주고 싶어요. 지금 상태라면 사회에 나가도…, 그런 생각만 해도 불안해서 견딜 수가 없어요.

나: 따님은 친구도 많고 학교도 좋다니, 지금까지 따님한테 정성을 기울인 증거입니다. 그게 토대가 된 것이지요. 지금부터는 I님이 편할 수 있는 사고방식을 익힐 차례입니다. 우리에게 뭔가 문제가 생기면, 자신과 문제를 먼저 분리하는 게 중요합니다. 일단 자신을 안심할 수 있는 곳에 두고, 문제를 조금 멀리 떨어진 곳에서 바라봅니다. I님에게 안심할 수 있는 곳은 어디죠? 앞서 언급한 E의 경계도 관련되지만 우리가 나다운 자신이 되려면 무엇보다 먼저 안심할 수 있는 장소를 확보할 필요가 있습니다.

부모의 집착은 아이의 가능성을 갉아먹는 경계 침입

I가 안심할 장소로서 번뜩 떠오른 생각은 고향의 전원풍경이었습니다. 끝없이 이어지는 황금물결의 벼이삭, 논두렁길을 아이로서의 I가 여유있게 걸으면서 학교에 갑니다. 아름다운 풍경 속에 있는 것만으로도 왠지 마음이 편안해지고 자신이 보호되고 있다는 느낌이 들었다고 합니다. 나는 다음처럼 물었습니다.

나 : I님이 그 논두렁길을 걷고 있는데, 갑자기 '그렇게 늑장피우면 어떡해! 학교에 늦겠어!'라고 소리치는 엄마의 모습이 보였다고 치지요. 아이인 I는 어떻게 느꼈을까요?

I : 내가 알아서 학교에 가는데 그렇게 신경질적으로 말하면 엄마가 강제적으로 밀어붙이는 것 같아 싫겠지요.

나 : 그렇군요. 아이도 자신만의 생각을 갖고 있고, 존중받고 싶으니까요.

I는 고개를 끄덕이며 동의를 나타냈습니다.

나 : 앞으로는 역할을 바꿔 화가 난 엄마로서 아이인 I를 위로해볼 겁니다. 어때요?

I : 음…, 이쪽 편에 서면 아이의 입장을 두고 볼 수 없네요. 엄하게 주의 줄 일이 많아서요.

나 : 그러면 아이인 I와 화난 엄마, 이 두 사람을 새가 되어 위에서 내려다보면 어떻게 보이나요?

I : 아이인 나는 자기 페이스를 지키고 있고, 화난 엄마 쪽은 불안해서 아이에게 이래저래 잔소리를 하고 싶은 게 아닌가, 그렇게 보이네요.

나 : 새의 시점에서 엄마에게 어떤 말을 해주고 싶나요?

I : 당신의 불안은 잘 알겠어. 이러지도 저러지도 못하는 심정이겠지. 그런데 그런 기분으로 딸을 대하면 딸은 꽤 힘들어할지도…, 어라? 나도 모르는 사이에 못되게 했나봐?!

I는 문득 자신으로 되돌아오면서 냉정함을 찾으려고 했습니다. 그 변화를 보고 나는 I와 '등교한다. 등교하지 않는다'는 본디 누구의 책임인지 이야기를 나누었습니다.

나: I님과 따님 사이에 일어난 상황은 따님이 해야 할 과제와 I 님 본인이 해야 할 과제가 섞여서 구별이 안 되기 때문에 일어났습니다. 등교는 본디 따님의 책임입니다. 부모가 강제하면 따님의 영역을 짓밟고 들어오는 행위 즉, 경계선을 침범하는 행위이고 아이의 가능성을 짓밟게 되지요. 아이는 본디 부모에게 있는 그대로의 자신을 인정받고 싶어 합니다. I님의 방식을 강요할수록 따님은 부모에게 신뢰받지 못한다고 느껴 자기부정이 심해집니다. 등교도 마찬가지로 자신이 책임을 지지 않아도 된다고 생각합니다. 그렇게 되면 모처럼 자신의 선택에 책임을 질 배움의 기회를 놓치고 말지요.

I: 혼란스럽네요. 부모가 자식의 미래를 걱정하면 안 되나요?

나: 하나씩 정리하면서 풀어가보도록 하지요.

나는 문제를 정리하는 방법에 대해 이야기했습니다.

잔소리를 퍼붓고 싶을 때, '과제의 분리'는 마음의 방파제

나: I님은 카운슬링을 받으러 올 때까지는 '내가 뭔가 해야 된다'는, 말하자면 아이의 경계를 위협할 만큼 등교시키는 것에 신경을 곤두세웠습니다. 부모 자식 간은 가까운 관계인만큼 혼란이 자주 일어납니다. 그 혼란을 진정시키는 사고방식의 하나로 아들러 심리학에서 나오는 '과제의 분리'가 있습니다. 아이에 관한 걱정거리는 먼저 '누구의 과제인지? 그 과제가 이루어지지 않으면 최종적으로 누가 힘들까?'라는 시점에서 정리할 필요가 있습니다. 등교할지의 여부는 아이 자신이 결정하는 것이지요. 아들러 심리학에서는 '아이의 과제에 기본적으로 부모가 관여하지 않는다(타인의 과제에 관여하지 않는다)'고 말합니다. 그런데 아이 때문에 걱정이 생길 때, 수수방관할 수도 없지요. 여기서 중요한 점은 '아이의 주관을 키워줄 것', '그 사고방식을 토대로 관여하거나 관여하지 않거나', '적당히 자신의 관여를 조정할 것', '그것은 방치가 아니라는 것'이지요.

어떻게 해야 딸의 경계를 지켜주고, 자기긍정을 키울 수 있을까. 나는 아들러 심리학에 새로운 정신분석을 더해 I에게 심리교육을 해주었습니다.

1. 아이가 아침에 꾸물대는 행위는 사소한 자기주장

지금까지 딸은 I의 말을 잘 듣는 아이였습니다. 아침에 꾸물대는 행위는 딸 자신이 나름대로의 주관 즉, 나다운 자신을 만들어가는 사소한 자기주장으로 봐 주어야 합니다. 꾸물대는 것을 단지 억지 부리는 것으로 보면 아이는 자신을 표현하면 반드시 부모에게 부정당한다고 받아들입니다. 그 점을 충분히 고려해서 관여하는 게 중요합니다. 아이의 주관을 존중하는 어른의 시도야말로 아이가 자신답게 자랄 수 있는 토대가 됩니다.

2. 부정이 아닌 응원하고 있다는 긍정적 태도로

아침에 등교시킬 때 기본 방침은 바꾸지 말고 먼저 따님의 페이스에 맞춰봅니다. 그 때 부모의 태도는 위의 1을 참고로 '응원하고 있다'는 분위기를 만들도록 노력합니다. 거기에 등교하든 지각하든 일일이 개의치 말고 따님에게 지금까지보다 더 이상으로 진심어린 마음으로 긍정하는 게 중요합니다.

'우리 아이는 칭찬할 데가 단 한군데도 없어!'라고 생각할 때도 있겠지요. 그러면 '제로 아니면 억(億)의 극단적인 생각'에 빠집니다. 부모로서는 당연하게 보여도 다른 사람 눈에는 다이어몬드 원석처럼 빛남이 보일 수도 있으니까요. 그 빛남을 알아채는 게 중요합니다.

3. 무슨 일이 생겨도, 아이의 선택을 인정한다.

만일 아침에 꾸물대는 행위가 너무 심해서 등교를 못하거나 지각을 밥먹듯이 해도 그것은 따님의 선택이기에 믿고 받아들입니다.

아이의 등교, 공부가 걱정되면 부모는 아이의 상태에 맞는 지원을 할 필요가 있습니다. 아이의 부담을 덜어주려고 아이의 과제에 손을 대지 말고, 아이 자신에게 체험시켜서 스스로 판단하고 결정할 수 있도록 아이에게 자기신뢰, 자기 긍정, 자신감을 키워줍니다. 그렇게 궁리하고 알맞은 환경을 제공하는 것이야말로 부모가 할 수 있는 최대의 지원이지요. 부모와 자식 간의 바람직한 경계선은 아이의 건전한 마음을 키워주는 그릇이 됩니다. 부모 자식 간뿐 아니라 상사와 부하직원, 교사와 학생처럼 상하 관계에서도 마찬가지이지요. 입장이 위에 있는 사람은 이 사실을 명심하면 좋습니다.

나답게 사는 연습 5
아이에 다가가는 법

부모의 말, 행동은 생각보다 훨씬 아이에게 영향을 끼칩니다.

다음 사항에 주의하면서 아이에게 다가가봅니다.

- 부모 자신과 아이 양육에 관해 카운슬러를 찾아볼 것. 장기
  적인 고민거리의 해결은 전문가 도움이 바람직하다.

- 일방적으로 간섭하면 타인의 과제를 침해하기에, 삼가 하도
  록 마음을 다잡을 것.

- 아이의 경계를 존중하면서 어떤 지원이 적당할까 숙고할
  것. 이 태도가 '지켜주는 것'이고 그에 의해 아이 자신도 자
  신과 타인을 구분짓는 자신만의 경계를 설정해 나갈 수 있
  고 자신의 과제에 대한 책임감을 키워나갈 수 있다. 이를 통
  해 아이는 나다운 자기로 성장할 수 있다.

참는 것 외에 답이 없다고 느껴질 때

무너진 마음

살아 있는 지옥에서 탈출하려면

자신의 능력, 한계를 넘어서는 상황에 처하면, 누구나 망연자실합니다. 이 문제는 누구와도 상담할 수 없어, 해결이 불가능해, 라고 고민합니다. '제어 불능, 할 수 있는 게 아무 것도 없다.'라고 절망하는 마음의 상태 자체가 자신의 경계선이 위협받고 본래의 나다운 자신을 상실했다는 징조입니다. 여기서는 그런 경우에 어떻게 극복하는지를 설명하겠습니다. 구체적인 사례로 폭력에 시달리는 어떤 여성의 이야기부터 시작하지요.

남편이 문을 여닫는 소리조차 두렵다. 누가 날 도와줘!

J: 현관문 소리가 나고 남편이 귀가한 것을 알면서부터 내 몸은 반사적으로 굳어져요. 오늘은 회사에서 기분 나쁜 일이 있었는지도…. 가령, 아침에는 표정이 부드러워도 무슨 일이 생기면 갑자기 돌변하는 바람에 안심이 되질 않아요.

J는 남편이 현관문을 여닫는 소리, 거실을 걷는 소리에 뭔가 폭력적인 냄새가 나지 않은지를 늘 신경쓴다고 합니다.

J: 모처럼 직접 요리를 만들어도 무시당하고, 무능함, 무력감에 빠지게 돼요. 마음이 얼어붙을 듯한 말을 매일처럼 들어야 하고…. 이전에는 폭력 그러니까 가정폭력도 있었어요. 친정으로 도망가도 남편은 그 때마다 찾아오거든요. 너무 무서웠어요. 경찰이나 변호사에 상담해도 당할 때는 고스란히 당하지요. 매스컴에서 사건 발생이라는 뉴스는 바로 그런 것 아니겠어요? 어쩔 수 없이 지금의 생활을 참을 수밖에 없어요. 누구 도움도 못 받고, 어떻게 해볼 도리가 없어요.

나는 누구도 믿을 수 없는데도 카운슬링을 하러 오셨다니 진심으로 그간의 고생에 애썼다고 말해주었습니다. 그리고 그 같은

마음 상태 자체가 경계선이 위협받는 것으로 상대에게 완전히 지
배받기에 일어난다고 설명했습니다.

위기 상황에 취해야 할 세 가지

나: 급선무는 한시라도 빨리 안심할 수 있는 환경으로 피난할
것, 충분히 휴식을 취할 것, 심신의 상처를 치유할 것, 그리고 신
뢰할 수 있는 전문가에게 도움을 요청해 구체적인 대책을 세워야
합니다. 전문가에 대해 구체적으로 설명하지요. 가해자인 상대로
부터 피하고 싶은 경우는 배우자 폭력 상담 지원 센터에 가면 됩
니다. 지자체 혹은 특정 지역에 있어서 인터넷으로 조사하면 금
세 나옵니다. 가해자에 뭔가 제재를 가하고 싶고 상대가 처벌받
길 원하면 근처 경찰서의 가정폭력 부서에 가세요. 또한 자신이
현재진행형으로 위협을 받고 있고 어디로 갈 수도 없이 심신이
약해졌다면 가정폭력 전문 변호사에게 관련기관에 대한 교섭도
포함해 의뢰하는 방법도 있습니다. 변호사 이야기를 하면 재판이
나 고액의 수수료라는 이미지가 떠오를 수도 있지만 최근에는 처
음 방문한 사람이라도 마음 편하게 상담해주는 법률사무소가 늘
고 있는 추세예요.

J: 그렇지만 지금은 마음의 여유가 없어요. 무리예요.

나: 그렇다면 가혹한 상황에서도 별 무리 없이 자신을 지킬 수 있는 방법을 알려드리지요.

나는 위기 상황에 처했을 때 생각해야 할 세 가지를 설명했습니다.

1. 마음을 닫는 것은 마음의 궁리

J의 이야기를 들으면서 오랜 고통으로 인한 그녀 마음의 깊은 상처를 느꼈습니다. 그 상황은 마음의 경계선이 위협받고 지배되고 있다는 증거이지요. 존엄이나 인권, 안심할 수 있는 생활공간, 시간이 침해당하고 있는 것입니다. 존엄과 인권이라는 말은 딱딱하게 들릴지 모르지만 가족, 가정은 외부에서 보이지 않는 밀실입니다. 그 속의 관계가 비뚤어지면 무법지대가 될 위험이 있습니다. 헌법에서 규정한 '기본 인권'은 오히려 가정이나 가족에 대해 존중(학대, 가정폭력 지원에 종사하는 전문가들 사이에서 자주 입에 오릅니다.)되어야 합니다. 자신의 한계을 넘어선 가혹한 상황에 계속 처하면 건강한 사람도 마음에 커다란 구멍, 상처가 생깁니다. 그러면 누군가에게 상담할 여유마저 잃고 아예 마음을 닫습니다. 마음 닫기는 어찌 보면 부정적으로 보이지만 실은 자신을 지키려고 애쓰는 마음의 궁리이기도 합니다. 만일 그래도 결코 자신을 책망하진 마세요. 마음이 필사적으로 자신을 지키고 있는 중이니까

요.

2. 자신을 도울 전문가는 반드시 있다.

마음 닫기는 일시적으로 꽤 도움이 됩니다. 하지만 괴로운 상황을 누구한테도 털어놓지 못하면 자신이 싫어지고 혼자 참는 수밖에 없다는 생각에서 못 빠져나옵니다. J가 말했듯이 경찰이나 변호사에게 상담해도 당할 때는 고스란히 당한다는 말은 자신이 약해졌을 때 지푸라기라도 잡겠다는 심정으로 전문가, 전문기관에 호소했지만 상처 받은 마음을 이해받지 못했다, 그러니 아무도 못 믿겠다는 마음의 절규입니다. 하지만 정말 아무도 힘이 되어주질 못 할까요. 이런 상황은 아주 고통스럽습니다. 그래도 포기하진 마세요. 어떡하든 찾아보면 우수한 전문가가 꼭 있습니다. 걱정 마세요. 그렇게 생각하지 않는다, 안 되는 건 안 되는 거다, 라고 생각하면 앞서 언급했듯이 '제로 아니면 억'의 함정을 떠올립니다. 혹여 자신이 그 함정에 빠지지 않았는지 먼저 살펴봅니다. 직면한 문제가 어려울수록 자신이 냉정을 유지하기란 간단하지 않지요. 그래도 이처럼 예비지식이 있으면 '혹시 나도?'라며 당면한 문제로부터 거리를 둘 수 있습니다. 거리를 두면 탈출의 실마리가 발견되니까요.

3. 자신을 소중히 여기는 것은 자신의 '감정을 소중히 여기는 것'

J의 경우처럼 경계선을 심하게 침해당한 사람일수록 상대의 조정과 지배를 알아채지 못합니다. 그래서 자신을 어떻게 위로할지 소중히 여길지를 모르게 되지요. 이 상황에서 빠져나오려면 다음의 질문이 도움이 됩니다.

'지금, 어떤 감정인지요?'

감정은 좋고 나쁨이 없습니다. 자신의 감정을 느끼고, 그 느낌을 소중히 여깁니다.

만일 화가 나면 '내 감정에 어떤 생각이 들어있을까?'라고 바라봅니다. 혹여 다음의 감정이 있을지도 모릅니다.

'상대가 보다 날 이해해주길 원했어.'

'심한 말을 들으니 슬퍼.'

'실은 진짜 좋아했는데…'

어떤 생각이 들던 일단 느낄 것, 소중히 바라볼 것, 이것이 자신을 소중히 여기는 첫 걸음입니다. 그리고 자신의 감정과 생각을 편하게 들어 줄 수 있는 사람에게 털어 놓습니다. 자신의 처지와 마음을 다른 사람과 나누는 것은 자신의 상황을 객관적으로 볼 수 있게 합니다. 상대가 자신의 문제를 해결해 주기 때문이 아니라 신뢰할 수 있는 사람과의 대화는 자신이 고립되었다는 생각에서 벗어나게 해줍니다. 그런 사람이 마땅치 않을 때는 카운슬러와 지속적으로 상담을 하는 것을 권합니다. 사람으로 인한 마

음의 상처는 혼자 애쓰기보다는 안심할 수 있는 사람과 함께 극
복하면 회복하게 됩니다.

　J는 그 후 어떻게 되었을까요. 아이가 어려서 금세 생활환경을
바꿀 수 없다면서도, 카운슬링을 계속하면서 심정을 정리하는 한
편 내가 소개한 변호사와 상담했습니다. 절박한 상황이 닥쳐왔을
때 어떻게 이혼을 진행하면 좋을지도 잘 알게 되었다고 합니다.
그러자 변화가 생겼습니다. 어느 날을 계기로 이전보다 두려워하
는 시간이 적어졌다고 합니다. 자신에게 전문가라는 아군이 있
고, 행동하기 위한 충분한 지식이 있음을 실감했습니다. J는 자신
의 인생을 다시 자신의 것으로 되돌리기 시작했습니다.

조부모의 과잉 간섭

세대 간 속박을 끊는 열쇠

같은 집에 사는 시어머니, 얄밉게도 손주를 통해 며느리 체크

40대의 K는 남편인 L과 함께 카운슬링을 받으러 왔습니다. 그리고 오래 계속된 이야기를 꺼냈습니다.

K: 시어머니 때문에 골치 아파 죽겠어요. 첫 손녀인 장녀에 대해서 간섭이 심해요. 그 때마다 나는 시어머니와 부딪쳤고, 매년 사이가 악화되었어요. 우리는 결혼하면서 시부모의 권유로 시부모 댁 안의 땅에 건물을 지었어요. 나도 정식사원으로 일을 했던 터라, 아이가 어릴 때 시어머니가 봐줬지요. 그 일은 감사하게 생각해요. 그런데 시어머니는 "오늘 저녁 반찬은 뭐였어?", "엄마가 제대로 청소했어?" 등등 아이에게 몰래 물어봐요. 내가 며느리로서 역할을 제대로 하는지, 아이에게 수시로 물어보면서 체크해

요.

K는 곁의 남편을 신경쓰면서도 이야기를 이어나갔습니다.

K: 시어머니에게 내 남편은 없어서는 안 될 존재예요. 나와 결혼하기 전까지 약 40년 동안 남편의 식사, 세탁, 방 청소를 모두 해줬거든요. 결혼하고 나서도 어차피 같은 땅에 살고 있어서 시댁과 긴밀하게 지냈지요. 시어머니가 있으면 늘 나는 외부인 취급을 받아요. 그래서 부부인데도 나는 무척 불편했어요. 그 후 장녀가 태어나면서 시어머니의 가족사랑은 남편에게 그치지 않고 손녀까지 이르게 되었지요. 얼마 전에는 이런 일도 있었어요. 시부모와 우리 부부가 식사를 하는데, 시어머니가 갑자기 장녀에게 "아빠랑 똑같이 사립대 부속중학교 시험을 치러라. 학원 비용, 학비는 할머니가 전부 대줄테니까."라고 말하는 거예요. 장녀는 동네 친구들이랑 같이 공립중학교에 갈 생각이었거든요. 시험치고 중학교에 갈 생각은 하지도 않았어요. 갑자기 그런 말을 들으니까 나나 장녀도 놀랐지요. 나는 고맙습니다, 라고 예의를 갖추고 집에 돌아가 가족회의를 열어 검토하겠다고 말했지요. 그러자 돌연 시어머니가 내게 역정을 내면서 도저히 어떻게 할 방법이 없었어요. 그런 우리를 보고 있던 장녀가 시어머니에게 화가 난 모양이에요. 다시는 할머니와 말하고 싶지 않다고 선언한 거예요. 그때까지 시어머니에 대해 별 문제가 없다고 여긴 남편도 그 일로 조금 눈이 뜨인 것 같아요. 우리 부부는 시댁과의 관계를 더

늦추지 않고 심사숙고할 시기라고 생각해요.

부부가 함께 왔다는 사실
의외로 많은 심리적 일체감으로 연결된 부모 자식 사이

K의 이야기를 듣고 나는 K와 남편인 L에게 이렇게 말했습니다.

나: 이번에 부부가 함께 와주셔서 정말 잘됐습니다. 문제의 반은 해결된 셈이니까요.

L: 아내가 혼자서 카운슬링을 받으러 간다기에 나도 따라왔어요. 이번 일은 아무래도 제 어머니가 심했던 것 같아서요.

나: L님이 그렇게 생각해주면 아주 잘된 일입니다. 어머니와 관계가 돈독하면 결혼 후에 배우자가 소외되는 경우가 자주 있습니다. 하지만 이번 일로 부부가 한마음이 되어 뭔가 조치를 취해야 한다고 생각한 것이지요. 이러한 부부관계를 축으로 삼아 움직이기 시작했다는 것은 큰 의미가 있습니다.

L: 이번 상황이 그런 의미까지 있을 줄은 몰랐네요.

나: 부모는 자녀가 어릴 때는 자신의 한계를 넘으면서까지 아이의 성장에 개입하려고 합니다. 하지만 성장과 더불어 아이는 자신만의 방식으로 세상을 향해 나아가기 시작하지요. 그럴 때

부모도 '아이와 자신은 별개의 존재'라는 경계를 그어야 할 심각성을 느끼지요. 그것이 충분히 이루어지지 않으면, 어른이 되어도 심리적으로는 엄마와 자녀 관계가 계속 이어집니다. 생활하면서 부모가 아이의 경계를 확실히 의식하고 한편으로는 필요한 도움을 주는 것이 아이의 성장에 꼭 필요합니다.(앞서 언급한 과제의 분리 참조) 하지만 그것이 과도하면 아이의 성장을 방해하게 됩니다. 그래서 부모와 자식간에도 명확한 경계가 필요합니다. 부모가 그 사실을 인정하지 않으면 아이는 부모와 다른 생각을 갖는 것에 죄책감을 느껴 괴로워하지요. 혹시 이번일 뿐만 아니라, 결혼하고 나서 부인과 시어머니 사이에서 어느 쪽도 편들지 못하고 중간에 낀 신세가 된 적은 없었나요?

L은 내 질문에 크게 고개를 끄덕여 동의를 나타냈습니다. 나는 이어서 말했습니다.

변화에 따르는 고통은 피할 수 없다. 성장통 같은 것

나 : 이번에 장녀의 진로 문제로 K님은 주위를 배려하면서도 시어머니에 대해 남편과 자신과 장녀 즉 가족의 경계선을 분명히 그을려고 했습니다. 시어머니는 당연히 화가 나겠지요. 왜냐하면 시어머니의 입장은 지금까지 아들인 L님과 심리적인 배꼽으로

이어져 있었으니까요. L님에 대해서 지금까지와 마찬가지로 앞으로도, 죽을 때까지 보살펴주겠다고 생각했으니까요. 그런데 K님이 방해한다고 생각한 것이죠. 지금까지는 L님도 어머니의 과보호가 싫지는 않았을 겁니다. 하지만 이번 일은 아무래도 신경이 쓰였겠지요. 그래서 부부가 같이 상담하러 오신 거고요. 그러한 행동은 모친과의 경계선 혼란에서 벗어나 부부로서 살아가겠다는 징조입니다. 과장해서 말씀드리는 게 아니라 지금까지 존재했던 가족 전체의 균형이 변화하기에 가족 구성원 한사람마다 이 상황은 큰 사업을 벌이는 거나 마찬가지입니다. 가족 중에서 K님이 처음으로 부모세대에 대결을 선언하고 그에 맞서 시어머니도 격노했습니다. 그리고 엄마와 할머니의 대결을 보고 딸도 반응했지요. 그 흐름 속에서 L님도 합류했습니다. 변화할 때는 가족 전체가 이전 토대에서 벗어나기에 고통이 따릅니다. 부정적으로 받아들일 필요가 없습니다. 성장통과 비슷한 것으로 피할 수는 없습니다.

위와 같은 이야기를 들은 부부는 천천히 서로의 얼굴을 마주 보았습니다. 그리고 "이 상황에서 가족이 혼란을 겪으니까 앞으로 어떻게 될지 걱정이 많았어요. 하지만 지금이 변할 때군요. 우리도 앞으로 다시 한번 부부로서 가족으로서 살아가려고 생각합니다."라고 말하고는 조용히 카운슬링 룸을 뒤로 했습니다.

인생에서 우리가 성장하려면 이처럼 아픔의 시기를 피할 수 없습니다. 이를 두려워해서 그냥 넘어가고 무시했다면 그 후에도 부모와 자신의 경계선을 분명히 긋지 못하고 나다운 자신을 형성하지 못한 채 삶의 힘든 고갯길에서 주저앉습니다. 가령, 과도하게 누군가에 의존하거나 알콜 중독, 약물 중독, 빚, 도박 등으로 제 몸을 망치기도 하고, 대인관계에서도 벽을 쌓아 사랑을 모르는 삶을 보낼 수도 있습니다.

나다운 자신을 형성하지 않으면 인생에 어두운 그림자가 드리워질 수도 있습니다.

왜 그 사람은 나와 거리를 둘까?

친밀감의 벽

늘 내가 먼저 말을 꺼내는데…, 벽을 쌓는 그의 진심은 뭘까?

친구 관계, 연인 관계도 상대가 어디까지 나를 소중히 여기는지 잘 모르는 경우가 있습니다. 지금까지는 상대 혹은 세상에 대해 어떻게 양질의 경계선을 긋고 나다운 자신을 형성하는지에 대해 설명했지만, 여기서는 그 경계가 너무 엄격하면 어떻게 '벽'이 되고 대인관계를 해치는지 알아보지요.

M(40대)은 다음의 고민을 안고 혼자서 상담을 받으러 왔습니다.

M: 몇 년 동안 계속 마음에 둔 남자가 있었는데, 요전에 둘이 만나게 되었어요. 만남 자체는 좋았는데, 계속 나만 연락을 하게

돼요. 얼굴을 보면 기쁘지만 내가 약속을 잡지 않으면 저쪽에서 연락도 안 와요. 속으로는 많이 만나고 싶은데 자기는 '나 안 보고 싶냐'라고 물어보고 싶지요. 할 말도 많고 묻고 싶은 것도 많은데 집착하는 여자라고 여길까봐 그러지도 못하고…, 어떡하면 좋을 까요?

젊은 나이라면 안 되겠다싶어 자신을 진심으로 원하는 상대를 찾아 나서겠지만, 사랑은 시간을 충분히 들여야 한다는 가치관을 가진 40대 여성의 입장으로서는 고민거리입니다.

M: 어쨌든 그 사람은 바빠요. 그래서 나도 보고싶다는 말을 안 하려고 하는데, 도저히 견디기 어려워서 다음에 언제 시간이 나는지 물어봐요. 겨우 날짜를 정해도 그 사람은 시간을 날짜가 가까워지면 정하자고 말해요. 당황스럽지요. 날짜는 정했는데 시간은 모르겠다면 나와 만나는 게 썩 좋지는 않은 모양이라고 지레짐작하지요. 그러다가 약속이 깨지면 어떡하지, 라고 부정적으로 생각하게 돼요.

나: 그와 만날 약속을 하면서도 동시에 배려한다는 말인데, 어떤 심정인지 자세히 말해줄 수 있나요?

M: 내가 누구에게 의존하는 사람이라는 인상을 주기 싫어요. 우울해하거나 귀찮게 하는 여자라고 생각할지도 모르잖아요.

나: 너무 배려하면 이쪽의 마음이 상대에게 전달되지 않을 수
도 있어요. 실은 굉장히 보고 싶은데 상대 입장에서는 어쩌다 연
락은 하는데 기본적으로 담백하고 쿨한 여자라고 생각할 수도 있
거든요.

M: 에? 그렇나요? 나는 엄청 좋아하는데, 미움 안 받으려고 배
려한 것뿐인데. 이건 쇼크네…, 어떡하죠?

'좋아하는데도 다가갈 수 없는' 딜레마

나: 경계선은 본래 단순한 선이 아닌 바람이 잘 통하는 호흡
하는 화단 같은 것이지요. 한편으로 상대와의 관계에 거리를 두
는 행위를 반복함으로써 벽 같은 경계가 생기는 수가 있어요. M
님도 미움받기 싫어서 배려한다는 벽을 쌓고 있어요. 하지만 본
인도 잘 몰랐기에, 왜 그에게 좀 더 다가갈 수 없느냐는 딜레마에
빠진 거예요.

M: 배려라는 벽이라…, 하긴 그 사람 입장에서는 나한테 거리
감을 느꼈을 수도 있겠네요. 그런데 그 사람도 벽을 쌓는다는 생
각이 들어요. 서로 벽을 쌓고 있다는 말인가요?

나: 네, 그래요. 그도 의도적은 아니지만 그럴 겁니다. M님 자
신도 거리를 느낀다고 하니까요. 하지만 서로 좋아하는 감정을

상대에게 보내면서도 동시에 가끔은 더 이상 다가오지 말라는 메시지를 보내는 것이지요. 물론 무의식적으로 말이죠. 그런데 상대가 떠나는 것은 외로워서 다른 형태로 끌어당기지요. 이 또한 무의식적입니다. 이렇게 상반되는 메시지가 두 사람 사이에 순간마다 형태를 바꾸면서 출입합니다. 그래서 가끔씩 상대가 어떻게 생각하는지 모르게 되지요.

M: 아, 그래서 그렇구나…, 왜 그렇게 되나요? 좋아하면 직설적으로 상대에게 전하면 좋을 텐데, 답답해지네요.

사랑받는 게 두려워…, 왜?

나는 사랑하는 사람들이 왜 벽을 쌓을 '필요'가 있는지에 대해 설명했습니다. M과 그녀가 만나는 그간의 상황은 그리 특별하지는 않습니다. 우리는 좋아하는 사람에게 더 가까이 가고 싶다고 생각하면서도 한 발 물러나면 오히려 안심이 되는 경우가 있지요. 이 같은 모순이 가끔 생깁니다. 그런데 지금까지 살면서 좋아한 사람이 받아주지 않거나, 가깝게 지냈지만 결과적으로 깊은 상처를 입었던 사람은 '친밀함에 대한 두려움'에 대해 과잉 반응을 하는 것입니다. 말하자면 사랑하고 사랑받고 싶지만 친밀하게 되는 게 두렵고 그래서 벽을 쌓고, 그런데 역시 사랑받고 싶다는 끝이 없는 길을 빙빙 돕니다.

상대와 친밀하다는 건 깊이 사랑하고 깊이 사랑받는 '행복한 체험'인데도 익숙하지 않은 사람은 미지의 세계이지요. 그래서 두려워합니다. 우리는 미지의 세계에 들어서기 한 발 전에 그 세계를 본인이 상상할 수 없기에 두려워하지요. 설사 좋은 것이라고 머리는 알고 있지만 그 자리에 멈춰서 앞으로 나가길 선택하지 않는 수도 있습니다. 게다가 발달심리학 연구에서 밝혀졌듯이 '친밀함에 대한 공포'는 '양질의 사랑, 어리광을 체험하지 못했던 유소년기의 상황'과도 관련 있습니다.(여기서 말하고 싶은 것은 특정한 개인을 악인으로 만드는 게 아닙니다. 가족, 환경, 사회라는 장소나 시스템이 개인에게 영향을 끼친다는 사고방식을 나는 중요하게 여깁니다.)

그럼 구체적으로 어떤 유소년기를 지낸 사람이 '친밀함에 대한 공포'를 느낄까요?

● 부모에게 '사랑한다'는 메시지를 받았다는 생각이 들었는데도 '저리가! 시끄러! 방해돼!'라는 상대적으로 모순되는 메시지를 계속 받았다.

● 애정이라고 말하면서 부모의 일방적인 기대를 무리하게 주입하는 바람에, 그 만큼 어린이로서의 희망을 무시당했다.

● 부모 사이에 폭력, 지배라는 가혹한 상황이 늘 눈앞에서 반

복되었다… 등등

위와 같은 환경에서 자란 사람들은 결혼해서 자신이 부모 입장이 되면, 자녀에게 똑같이 대하는 경우가 많습니다.(이 현상은 '세대 간 연쇄'라고도 부릅니다.) 이러한 배경에서 아이는 과도한 불안, 두려움, 정서 교류의 결여 같은 열악한 감정체험을 반복합니다. 그 결과, '이 세상은 자신을 알아줄 사람이 없다', '사람을 믿으면 안 된다', '자신은 누구도 받아주지 않는 존재'라고 자신을 괴롭게 만드는 믿음이 더욱 뿌리내리지요. 이 믿음으로 인해 사랑을 두려워하고 벽을 쌓게 됩니다. 그리고 안타깝게도 이런 상황에서 자란 사람은 어른이 되어도 자신이 자란 양육환경, 부모와의 관계를 재연하거나 재현할 파트너를 구하기 쉽습니다. 왜냐하면 그 상황 자체가 유소년기에 익숙하게 접한 사랑의 형태, 사랑의 관계성이기에 마음이 '상대야말로 내게 맞는 사람'이라고 착각하게 됩니다. 그러면 연애 관계, 부부관계에서 과거와 똑같은 굴레에 빠지게 됩니다.

둘이서 벽을 넘으려면 필요한 것

이 굴레에서 빠져나오는 길은 없을까요. 상대와의 관계를 발전시키는 게 어려울까요? 나는 M에게 다음처럼 제안했습니다.

● 경향을 깨닫는다

친밀함에 대한 공포 때문에 서로 벽을 쌓는 듯한 언행으로 이어지지 않았는지 되돌아봅니다. 그 때, 좋든 싫든 평가는 하지 말 것. 마음에 짚이는 데가 있다면 그랬었네…, 라고 깨닫기만 하면 굴레에서 벗어나는 최초의 한 발자국이 됩니다.

● 변화는, 자신부터

가능하다면 자신의 언행에 대해 상대가 어떻게 느끼는지 솔직하게 묻고, 정중하게 대화를 나눕니다. 그 자체가 자신의 벽을 '화단처럼 양질의 경계선'으로 바꾸는 기회입니다. 그 중에 만일 '자신은 어리광을 잘 피울 줄 모른다.'라는 인식이 있다면 그것은 친밀해지는 것, 사랑하는 것, 사랑받는 것에 두려움이 있을지도 모른다고 마음속에 담아둡니다. 만일 이 굴레를 어떡하든 해보려고 생각한다면, 중요한 것은 '지금, 자신이 할 수 있는 일은 우선 해보는 것'입니다. 자신은 변하지 않고 상대의 변화만 바라면 상대의 벽을 더 두껍게 만드는 원인이 되기 쉽습니다.

● 어떻게 해볼 도리가 없어 망연자실할 때

그래도 벽을 쌓는 상대를 보면 괴로울 겁니다. 하지만 상대가 어떤 태도를 취하든 그것은 그의 책임입니다. 만일 '그래도 상대를 좋아해'라는 심정이 강하다면 그 심정을 비난, 부정하지 말고 120% 존중합니다. 그만큼 상대를 원하기에 무엇보다 소중한 마음입니다. 상대가 쌓는 벽은 자신을 거부하는 게 아니라 '보다 깊은 사랑에 빠지길 두려워하는 상대의 부적'이라고 간주합니다. 그러면서 벽 자체도 애정 어린 시선으로 바라봅니다.

자신의 인생에 집중하면서, 상대를 있는 그대로 바라봐 주고 사랑은 어떠해야 한다는, 일반적인 형태의 사랑에 구애받지 않는다면 언젠가 상대에게 유일무이한 존재가 될 것입니다. 자기 곁에 늘 변치 않는 사람이 있다는 것은 많은 사람들이 목마르게 갖고 싶어 하는 보물 중 하나입니다. 자신을 희생하지 않고 주관적으로 행복을 개척한다는 의미에서 이는 '의존'과는 전혀 달리 사랑을 깊게 만드는 과정입니다.

나답게 사는 연습 6

친밀감의 벽 넘기

- 자신도 벽을 쌓지 않는지 살펴본다.
- 나부터 솔직해져, 진심어린 대화를 나눈다.

● 그래도 잘 안 되면 '잘했어'라고 자신을 토닥이면서 상대의

두려움을 인정해준다.

사람이 좋아지는 건 왜 그럴까?

내재된 이성

사랑에 빠지는 이유

사람이 좋아지는 것은 왜 그럴까요?

사랑이 평범한 일상에 비일상적인 경험을 해주는 이유는 뭘까요?

'내가 찾던 사람이야!'라고 첫 만남의 순간 마음이 두근거립니다. 한눈에 반합니다. 세상에 그 많은 사람들이 있는데도 합리적 이성을 뛰어넘어 '이 사람뿐'이라고 왜 생각할까요?

이 의문을 풀어주는 힌트가 칼 융의 '내재된 이성'입니다.

융은 꿈속에 등장하는 이성의 이미지에 주목했는데, 우리 마음속에는 '내재된 이성-원형'이 존재한다고 말합니다. 하지만 그는 그것이 무의식 속에 있고 직접 체험할 수 없기에 밤마다 꿈속에 나타나거나, 다른 사람에게 자신의 마음속에 있는 이성의 이미지를 투영한다고 생각했습니다. 즉 이성에 대한 사랑은 현실의 상대를 통해 마음속에 있는 이성의 이미지와 만난다는 흥미 깊은 현상이지요.

첫눈에 반하는 메커니즘

내재하는 이성에는 '아니마'와 '아니무스'가 있습니다. 아니마는 남성의 무의식에 존재하는 여성적 특질(내재된 여성)입니다. 아니무스는 반대로 여성의 무의식에 존재하는 남성적 특질(내재된 남성)이지요. 구체적으로 어떤 특질인지 살펴보지요.

아니마(내재된 여성)는 꿈이나 비전, 유연성, 창조성, 우연한 창조적 순간을 비롯해 직감 같은 것을 우리에게 전달해주는 메신저 역할을 합니다. 동시에 생명을 키우고 관계를 육성하는 작용도 있습니다. 말하자면, 아니마가 좋은 영향을 끼칠 때는 우리에게 사랑, 에로스, 생명의 원천을 체험하게 해줍니다. 사랑하면 예뻐지거나 힘이 솟는 것도 내재된 이성을 통해 생명의 원천을 체험하기 때문이지요. 한편 아니무스(내재된 남성)는 혼란하기 쉬운 의식을 정렬시키는 집중력, 생각을 말로 바꾸는 능력입니다. 가령 회의 중에 여기저기 주장이 난립할 때, 간결하고 정확한 언어로

설명하거나 주제를 다른 틀, 시점으로 새롭게 바라보는 식별능력
이나 판단력을 말합니다.

[아니마, 아니무스가 작용하는 예]

아니마의 작용

긍정적으로 작용할 때.
- 감정이 풍부하고 감동적. 타인의 말을 경청
- 취미, 기호, 예술을 즐기거나, 표현 활동을 한다.
- 대인관계를 우호적으로 갖는다. 사람이나 생물을 돌본다.
- (좋은 의미에서) 감상에 젖는다. 우울한 기분을 삭이려고 소중하
  게 감상을 맛본다… 등등

부정적으로 작용할 때
- 자녀나 파트너를 지배하려든다
- 취미, 기호에 몰두하지 못한다. 대인관계가 시들해진다… 등
  등

아니무스의 작용

긍정적으로 작용할 때.

□ 꽉 막힌 상황이라도 결단하고 실행한다.

□ 과녁을 뚫듯 정확한 표현, 언어를 사용한다.

부정적으로 작용할 때

□ 비판 능력을 자신에게 과도하게 들이대 무기력에 빠진다.

□ 합리적 사고가 우선되고 대인관계에 지장을 초래… 등등

아니마, 아니무스 둘 중 어느 한쪽에 편중하면 진실로 사람을 사랑하지 못합니다.

그렇다면 왜 첫눈에 반할까요. 옆 그림을 보면서 생각해보지요. 남성X와 여성Y는 둘 다 상대를 전혀 모르는 상태로 어떤 모임에서 만났습니다. X을 보는 순간 Y는 직감적으로 사랑에 빠졌습니다. 이 때 Y의 마음속에는 어떤 현상이 생겼을까요. 내재된 이성을 설명하기 전에 예비지식으로 정신분석에서 말하는 '의식'과 '무의식'부터 시작하지요. 마음의 심층에서는 '나와 다르다'고 판단한 요소는 무의식으로 추방됩니다. 의식과 무의식은 늘 상호관계입니다. 무의식에 잠들어 있는 '자신의 일부'는 어떤 일을 계

마음의 심층에 있는 '첫눈에 반하는' 메커니즘

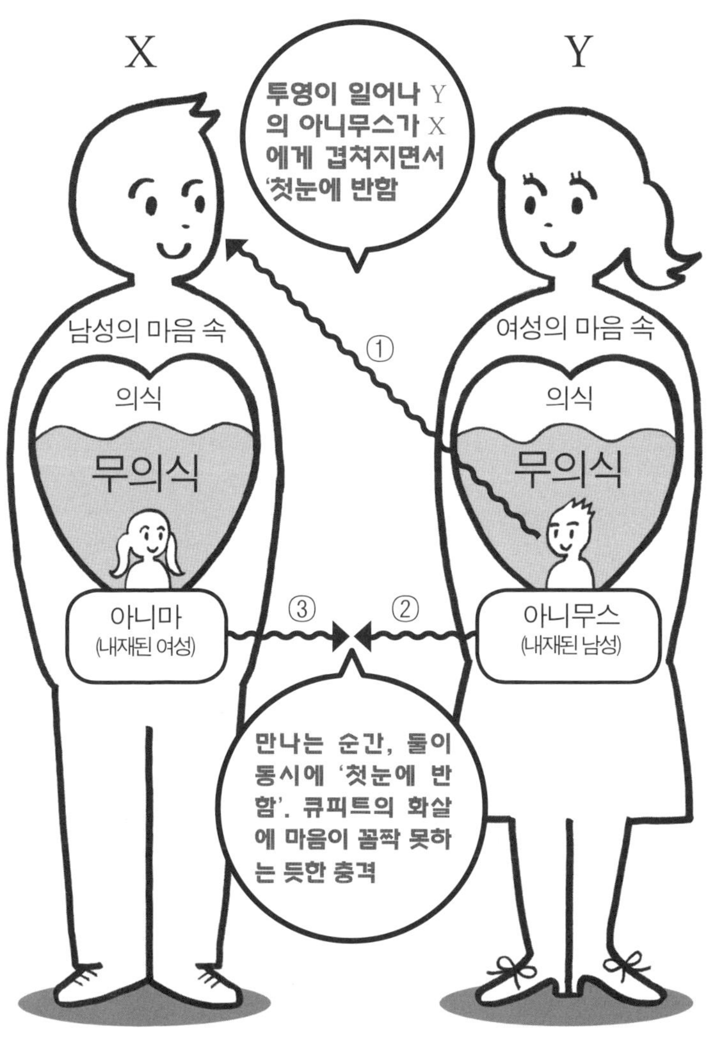

기로 바깥세계로 표현됩니다. 이러한 마음의 작용을 '투영'이라고 부릅니다. 내재된 이성도 투영이론을 발전시킨 사고방식입니다.

화살표 1은 Y의 아니무스(내재된 남성)이 X에게 투영된 상태입니다. 이 때, Y자신은 상대를 본 순간 '바로 이 사람!'이라고 느낍니다. 이것이 '첫눈에 반하는' 메커니즘입니다.

화살표 2, 3은 서로 상대를 향합니다. 무의식 상태의 공명현상이기에 서로 이끌리는 자력이 엄청납니다. 마치 큐피트의 화살에 심장을 맞은 듯한 전율, 혹은 번개에 맞은 듯한 감각입니다. 만난 순간에 삐삣!, 동시에 사랑에 빠지는 이유가 여기에 있습니다. 특히 젊은 세대는 누군가를 좋아하면 외모처럼 외부 조건에 이끌리기 쉽지만 실제는 동시 병행으로 위 그림의 화살표 작용이 일어납니다. 지금부터 중요한 부분인데, 융은 '사랑한 상대는 실제로 내재된 이성과 동일하지 않다'고 생각했습니다. 어떤 의미에서는 당연하지요. 상대에 대해 일방적으로 자신의 마음 속 이미지를 겹쳐놓기 때문에 실물인 상대의 모습과는 점차 어긋남이 생깁니다. 어긋남이 커지면 어떻게 될까요. 이미 '백마 탄 왕자'의 사례에서 언급한 바 있습니다.

융이 살던 시기에서는 여성은 남성을 좋아하고, 남성은 여성을
좋아하는 게 주된 사고방식이었습니다. 자신이 남성인 융은 내재
된 이성 이론으로 아니마(내재된 여성)를 밝혔지만, 현대의 다양한
성을 이해하려면 별도의 시점이 필요합니다. 그러나 여기서는 더
깊게 논하지 않겠습니다.

내재된 이성은 자신의 영혼의 이미지

본디 꿈의 분석에서 이성을 발견한 융은 꿈에 나오는 이성의
이미지를 그 사람의 영혼이 이미지로서(soul image) 보인다고 말합
니다. 연애를 비롯한 삶의 여러 만남 중에서도 '처음 만났는데도
오래 사귄 느낌이 든다.'같은 뭐라 형용할 수 없는 감각을 느낀
사람이 많을 겁니다. 그것을 자신의 영혼이 보낸 메시지라고 상
상하면 상대와의 만남이 차원이나 시공을 초월한 기적으로 새삼
스럽게 느껴질지도 모릅니다. 융은 내재된 이성에 성스런 감각을
느끼거나 압도적인 경외감, 황홀함을 가져다주는 '요소'가 있다
고 말합니다. 그 요소를 '누미노스(초월적)적인 요소'라고 부릅니
다. 그렇기에 내재된 이성은 무의식에서 분출되는 듯한 에너지에
힘입어 인생의 '꿈같은 시간'을 갖게 합니다. 영화의 한 장면처럼
두근거리는 기쁨, 잊을 수 없는 강렬한 감촉, 녹아들 듯한 관능처
럼 우리를 뿌리째 뒤흔드는 체험으로 데려다줍니다. 젊은 시기의

사랑은 바로 이 짜릿함입니다. 사랑이 평범한 일상에 특별한 체험을 하게 해주는 이유는 뭘까에 대한 대답은 이 누미노스적 요소가 관계합니다. 동시에 우리는 그 상황에서 자신의 무의식에 끌려 그 입구에 서게 되지요. 누미노스적 요소는 좋던 나쁘던 에너지가 격렬합니다. 꿈의 세계로 데려다주는 한편 무의식의 화학 반응이 개인의 한계를 훨씬 넘어 그 열량으로 현실의 관계성이 파괴되는 수도 종종 있습니다. 한여름 밤의 꿈처럼 순식간에 끝나는 사랑은 누미노스적 요소가 관계하기 때문입니다.

제4장

나다움이 허용되지 않으면 어떻게 될까?

행복을 위한 3가지 존재

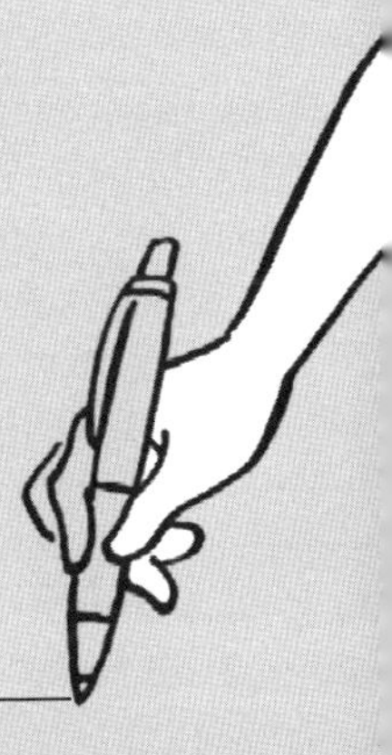

가짜 자신으로는 왜 살기가 힘들까?

가짜 자신의 특징

지금까지 경계선을 능숙히 잘 긋은 방법과 더불어 나다운(있는 그대로) 자신이 되기 위한 심리학적 접근을 소개했습니다. 여기서는 나다움이 허용되지 않으면 어떻게 되는지, 살기 힘든 이유의 본질은 무엇인지를 살펴보겠습니다.

'거짓 자기' – 자신의 껍데기를 깨지 못하는 이유

영국의 소아과의이자 세계적으로 저명한 정신분석가 D. W. 위니콧은 아이의 정신분석을 통해 '거짓 자기'라는 개념을 찾아냈습니다. 어린 시절부터 부모나 교사처럼 주위의 어른이 '이걸 해야 한다'라고 강요받은 사람은 늘 자신의 욕구와 감정을 제쳐두는 버릇이 생기기에 '자신은 무엇을 좋아하는지, 무엇을 하고 싶은지'를 모르게 된다는 것입니다.

그 결과로 형성된 자신을 '거짓 자기'라고 부릅니다. 본서에서 말하는 나답지 않은 자신이지요. 거짓된 자신인 채라면 해파리처럼 이리둥실 저리둥실, 살아 있는 실감이 희박한 인생을 보내기 쉽습니다. 결단을 내려야 할 중요한 시기임에도 우물거리다 원하지 않는 결과만 양산합니다. 이같은 상태는 자신이라는 감각이 애매해서 뭘 할 수 있고 뭘 할 수 없는지 그 경계선이 분명치 않습니다. 마음의 경계선은 실은 자신의 껍데기이기도 합니다. 즉 경계선이 희미한 채로 있다면 자신의 껍데기를 깨는 게 능사가 아니라, 그 이전의 문제로 거슬러 올라갑니다.

'거짓된 자신'은 어떤 특징이 있나

그럼, 거짓된 자신의 특징과 패턴에 대해 알아보겠습니다. 다음 항목에 해당되는 게 있는지 살펴보세요.

1. 타인이나 사회로부터 '필요로 하는 존재'인지가 자신의 존재가치의 핵심이다.

자신의 존재가치를 필요성의 여부로 확인하려는 것은 낮은 자존심, 낮은 자기 긍정, 오랫동안 치유되지 않은 채 방치된 상처처럼, 타인이나 사회로부터 인정을 받음으로써 채우려는 보상 심리입니다. 인정받고 싶은 마음, 즉 승인 욕구가 충족되지 않는 상태에 빠지면 자신이나 인생에 대해 과도한 불안, 두려움, 공허함, 고독감, 무가치감에 휩싸입니다.

자신을 누군가가 필요로 하는지 어떤지는 연령이나 직업에 관계없이 인생의 중요한 고비마다 얼굴을 내미는 보편적 질문이기도 합니다. 하지만 건강한 자아, 참된 자아는 타인의 인정 여부와 상관없이 자신을 가치 있는 사람으로 의식 할 수 있습니다. 타인의 필요에 따라 행동을 선택하는 것이 아니라 내가 나로서 존재할 수 있는 것과 그렇지 않은 것을 구분하고 그 안에서 내가 할 수 있는 것을 하면 된다고 생각합니다. 만일 지금 자신의 승인욕구라는 안 보이는 의식 속에 어떤 상처가 존재하는지를 바라볼 수 있다면 거짓이 아닌 진짜의 자신에게 다가갈 수 있는 기회라고 볼 수 있습니다.

2. 불안정하고 고민되는 대인관계에 얽여서 빠져나올 수 없다.

그렇게 말해도 본인에게는 오랜 맺어진 관계 중 하나입니다. 거짓된 자신은 자신을 소중히 여기는 데 관심이 없기에 나쁜 관계를 피하거나 그런 관계로 얽였을 때 빠져나오기가 어렵습니다.

- 상대에게 'NO'라고 말 못 한다.(말하지 않는다, 동조한다.)

- 주위나 상대의 기분, 반응을 살피거나 눈치를 본다. 상대가 말하기 전에 움직인다.

- 상대가 막무가내인 태도를 보이거나 행동하는 것을 허용한다.

- 상대의 눈치를 보는 바람에 자신의 심정을 자유롭게 표현 못한다.

- 인권침해, 불합리, 비이성적인 상황에 계속 엮인다.

- 자신을 소중히 여기지 않는다. 늘 상대가 우선시된다.(자신이 늘 손해 보는 느낌)

- 상대가 불쾌감을 느끼는 이유는 자신이 모자라서다.(죄책감, 죄악감)

위처럼 '뭔가 이상하다'는 위화감을 느낀다면, '거짓된 자신'으로 인한 잘못된 대인관계에 파묻혀 있을지도 모릅니다. 대개는 위 상황을 한두 번 겪어봤을 겁니다. 마음의 경계선이 혼란할 때 일어나기 쉬운 현상입니다.

3. 실제로는 위급한 상황인데도, '별 거 아냐'라며 인정하지 않는다.

인생에 크게 영향을 주는 상황인데도 객관적으로 사실을 정리, 검토하지 못하는 사람이 있습니다. 그 영향이 클수록 비례해서 더더욱 못합니다. '거짓된 자신'의 탓으로 자신의 일이 타인의 일처럼 느껴지기 때문입니다. 괜찮아, 괜찮아, 라며 말하면서도 괜찮지 않은 사람, 무리라는 걸 알면서도 자각 못하는 사람, 자각하지 않는 사람이 이에 해당합니다.

4, 몸과 마음에 생기는 위화감, 불쾌감을 무시하고 없었던 일로 치부한다.

자신이 느끼는 감각, 감정이 마비된 상태입니다. 몸과 마음이 보내는 위화감, 불쾌감이 있는데도 그 현상을 제대로 못 보고 무시해서 아무 것도 아닌 일로 넘깁니다. 앞의 3의 내용과 겹치지만 3이 상황에 대한 마비라면, 4는 자신의 심신에 대한 마비입니다.

감각 마비가 빈번한 가정은 느끼고, 표현하는 것을 경시하는 경향이 있습니다. 따뜻함이 적고, 자유롭게 노래하거나 뭔가를 즐기는 게 어려운 딱딱한 압박감이 가정 전체를 지배합니다. 3과 4에 해당한다면 지금 느끼는 것을 다시 살펴보려는 마음의 전환만 있으면 마비에서 빠져나올 수 있습니다. 뒤이어 나올 나답게 사는 연습 7의 내용을 참고하기 바랍니다.

5.상황을 극단적으로 바라본다. 불안이 심하고, 늘 걱정하는 타입이다.

업무상 큰 실수를 하지 않을까, 아이가 학교에 가기 싫어하면 이대로 집에만 처박혀 있지 않을까, 그 실수가 치명타가 되어서 직장에서 쫓겨나면 식구가 길바닥에 나앉는 게 아닐까…. 불안이나 걱정에 떨면서 마음이 편하지 않다면, 거짓된 자신이 너무 강해 자신이나 인생에 대한 신뢰가 추락할 가능성이 있습니다. 자기신뢰를 획득하는 첫 걸음은 자주 반복하지만 경계의 혼란을 깨닫고 나다운 자신을 키움으로써 자신의 축을 되돌리는 것입니다.

6. 남몰래 상처, 고통, 분노를 안고 있다.

어릴 적에 자신의 생각을 너무 억눌렀던 습관이 배면, 어른이 되어도 고통, 분노가 계속 쌓입니다. 하지만 고통이나 분노를 안고 있다는 사실 자체도 깨닫지 못한 채, 그것을 적절한 형태로 표현할 방법이나 요령도 없기에 갑자기 감정을 폭발하거나 제 3자에게 애꿎은 화풀이를 합니다. 외부를 향해 표현할 수 없는 경우는 그 분노를 내부, 즉 자기 자신에게 돌리게 됩니다. 그러면 정신적으로 '우울'해지거나 몸에 병이 나거나 하는 형태로 표면화되고 만성적 심신 불량 상태가 되어 살기가 괴로워집니다.

7. 자신과 타인의 책임 소재가 애매모호하다.

1장에서 3장까지 등장한 사람들에게도 나타났듯이 '거짓된 자신'으로 인해 책임의 혼란이 발생합니다. 타인의 문제인데도 자신이 책임을 느껴 해결하려거나, 자신의 인생을 누군가가 행복하게 해주지 않을까라고 불만을 갖는 현상이지요. 거짓된 자신의 정도가 심해지면 자신을 존중하거나 소중히 여길 수 없고, 사는 게 갈수록 힘들어집니다.

이처럼 당신이 마음이 위기, 무기력, 불안, 분노, 상처와 고통을 남몰래 안고 살아가고 있다면 나답게 살 용기가 필요합니다.

나다움은 타인보다 먼저 날 선택하는 것입니다.

나다움은 내가 되기 위해 치러야할 불안을 좀 더 사랑하는 것입니다.

나다움은 '있는 그대로'의 나를 가치 있는 존재로 깨달아가는 과정입니다.

나다움은 자신을 사랑하는 것의 소중함을 일깨우는 사고방식입니다.

나다움은 자신의 힘으로 생각하고 결단하는 토대입니다.

나다움은 자신의 주관대로 살아도 내 삶이 괜찮다는 믿음입니다.

마음의 고통과 위기, 어디로 가야 할지, 어떻게 살아야 할지 갈피를 못 잡는다는 것은 이전처럼 살 수 없다는 것을 뜻하기도 합니다. 그럴 때 나다움은 자신을 이끄는 새로운 이정표가 될 수 있습니다. 이런 나다움을 통해 자신이 누구인지를 깊은 수준으로 깨달음으로써 우리는 마음의 평화를 찾습니다.

'지금, 바로 여기'를 느끼는 호흡법

스스로 얼마나 감동하는지, 괴로운지, 잘 모르겠다. 느끼긴 하는데 그 감각이 가깝지 않고 멀리 떨어져 있는 것 같다. 앞날의 불안에 휩싸여 머릿속이 새하얗게 되거나, 자신에게 의식을 돌릴 수가 없다. 이럴 때, 자신을 되돌리려면 '지금, 바로 여기'를 의식하는 게 필요합니다. 가장 간단한 방법은 호흡에 의식을 돌리는 것이지요.

1. 워밍업으로서 천천히 깊은 호흡: 코로 들이마시고 입으로 내뱉기를 몇 번 반복합니다. 포인트는 먼저 날숨부터 시작할 것. 날숨과 들숨 사이에 3초간 호흡을 멈추면 보다 효과적입니다.

2. 머리 꼭대기까지 산소를 가득 보낸다는 생각으로 천천히 들이마시고, 천천히 내뱉습니다.

3. 2와 마찬가지 요령으로 목까지 산소를 가득 보낸다고 생각하고 천천히 들숨과 날숨을 합니다. 다음은 가슴, 배, 무릎 아래, 발목에 산소를 보낸다는 생각으로 들숨과 날숨, 끝으로 발바닥에 산소를 보낸다는 생각으로 크게 들이마시고, 대지로 되돌려 보내는 이미지를 갖고 숨을 내뱉습니다. 처음에는 1분 동안, 익숙해지면 하루에 수차례, 무리하지 않는 범위에서 계속해봅니다.

평소에는 바깥 세계로 향하기 쉬운 의식을 자신의 내부로 돌리는 방법입니다. '지금, 바로 여기에 있는 자신'을 의식하는 게 중요합니다. 이는 자신의 신체감각을 되돌리는 하나의 방법입니다. 바빠서 할 시간이 없으면, 일상생활 중에 자신의 호흡이 어떤지 의식을 하는 것만으로도 효과가 있습니다.

'지금, 바로 여기'를 느끼는 발성법

날마다 정신없이 일하다보면 하루 내내 거의 말도 하지 않고 컴퓨터 앞에서 보내는 사람들이 적지 않습니다. 혹여 그렇다면 의식적으로 소리 내기를 해봅니다. 스피치 혹은 보이스 트레이닝, 낭독은 호흡을 의식하면서 '지금, 바로 여기'를 느끼는 효과적인 연습입니다. 가능하다면 가르쳐줄 사람을 찾아 정기적으로 연습할 기회를 만들어봅니다. 자신의 몸으로 소리를 내는 것은 궁극적인 자기표현입니다. 자신의 표현을 가르치는 사람이 살펴서 보다 좋은 목소리, 호흡으로 이끌어주면 '거짓된 자신'의 고민을 안고 있는 사람에게 인정의 욕구, 자기긍정이 들어차는 양질의 체험이 됩니다.

'사랑이라는 이름의 학대'와
고통의 관계

마이크로 트라우마

과연 사랑일까, 아니면 지배일까

'거짓된 자신'이 형성된 배경에는 성장한 환경, 상황이 관련되어 있습니다. 대표적인 사례가 아동학대입니다. 뉴스에 안 나오는 날이 없을 만큼 사회적인 문제입니다. 여기서는 일반적으로 일컫는 학대와는 다른 성질의, 일반 가정에서도 얼마든지 일어날 수 있는 부모의 사랑이라는 지배가 무심코 아이의 마음에 자리잡은 '보이지 않는 학대'에 대해 생각해보겠습니다.

N은 현재, 휴학 3년차인 대학생으로 졸업논문만 남았는데 학교에 갈 수 없는 상태입니다. 처음에는 가볍게 다이어트를 할 생

각이었는데, 몇 개월만에 55킬로그램에서 30킬로그램까지 체중이 뚝 떨어졌습니다. 현재는 통원치료를 받으면서 40킬로그램 전후까지 회복했지만, 대학제적기간의 유예 기간이 지나고 말았습니다. 더 이상 휴학하면 제적이 된다고 대학 측에서 연락이 왔고, 이에 놀란 모친이 N을 데리고 나의 카운슬링 룸을 찾아왔습니다.

대학 복귀에 관해 모친은 목소리를 높여 떠드는데도 N은 대조적으로 옆에서 조용히 고개만 끄덕이며 가끔은 어색한 웃음을 짓습니다. 당연히 눈은 웃고 있지 않습니다. 좀체 본심을 알 수 없어서 도중에 N과 일대일 카운슬링으로 바꾸었습니다. 그제야 N은 모친과의 갈등의 역사를 조금씩 털어놓았습니다.

N: 엄마의 기대에 부응하자. 그것만 생각해서 살아왔어요. 결과가 생각대로 되지 않자 엄마는 무척 낙담했고, 나는 심한 죄책감을 느꼈어요.

모친은 어쨌든 완벽주의자로 늘 전력을 다해 N에게 간섭했습니다. N이 실패할 것 같으면 모친은 미리 앞서서 적극적으로 N을 보호했고, 말하자면 2인 3각의 팀워크로 이때까지 지내왔다고 말합니다. 그런데 졸업논문을 앞두고 한계에 부딪혔습니다. N뿐만 아니라 이른 바 착한 아이는 대학입학을 전후로 목표를 잃어버리면서 강의를 듣지 않거나 취업활동, 졸업논문에서 삐걱거리는 경우가 적지 않습니다. 특히 졸업논문은 본인이 주제를 정해 완성하는 것이지요. 그래서 자발적인 성숙도(자기다움)를 판단하기가 쉽습니다. 수험체질 공부가 장점이었던 N은 졸업논문이라는 벽에 가로막혀 처음으로 '뭘 어떻게 해야 할지 전혀 모르게 되었다'고 합니다.

질병은 착한 아이가 표현하는
그것밖에 할 수 없는 자기주장

N: 엄마에게 내 인생을 바쳤어요. 이만큼 했는데도 더 열심히 하라고 간섭해요. 엄마란 존재가 너무 무거워요. 더 이상 엄마의 인형이 되고 싶지 않아요!

현재의 고통을 먹는 행위로 대신 지우려고 했지만, 살찌는 것은 싫어서 뱉어내고, 다시 먹고, 뱉어내고를 반복했다는 N. 이 증상은 그녀가 그것 밖에 할 수 없는 주장입니다. 나는 그녀의 마음속 절규를 느꼈습니다. 이것이 바로 보이지 않는 학대 즉, 사랑이라는 미명으로 자행되는 지배의 학대입니다.

학대? 설마…, 라고 여기는 사람도 있을 겁니다. 두드려 패고, 발로 걷어차는 신체적 폭력이 아니라도 마음을 살인하는 학대가 있습니다. 겉보기에는 '말 잘 듣는 착한 아이'와 '교육에 열심인 좋은 부모'라는 조합입니다. 아이도 제멋대로 반응하지 않고 부모도 간섭을 멈추지 않지요. 외부에서는 사이좋은 부모 자식, 단란한 가정으로 보입니다. 그래서 아이가 고통스러워도 좀체 알아채기가 쉽지 않습니다. 그러면 마음속에서 서서히 상처가 악화되면서 아이로서의 시간이 지나갑니다. 그 보이지 않는 상처, 상태를 '마이크로 트라우마'라고 부르는 심리학자도 있습니다.

사랑이라는 이름의 학대는 부모의 이상을 아이에게 강제할 때 시작된다.

부모 자식 간에는 예의 교육인지, 부적절한 간섭인지 그 경계가 애매할 때가 많습니다. 다만 지금까지 반복했듯이 경계를 위협하는 '지배'가 하나의 힌트가 되겠지요. 사랑이 점차 변질해가는 상황 -사랑이라는 이름의 학대-에 대해 더 설명해보겠습니다.

부모는 아이가 태어나면 '건강하게 자랐으면', '솔직한 아이가 되었으면'이라는 소박한 희망을 품습니다. 그런데 시간이 흐르면서 어떤 사정으로 치우치게 되면 강한 기대감으로 변질됩니다. 그러면서 '좋다는 생각'으로 대표되는 부모의 이상을 주입하기 시작합니다. 본디 성장과정에서 어린이는 안심이 드는 환경에서 나다운 자신이라는 존재를 만들어갑니다. 그런데 부모가 '좋다고 생각' 하는 혹은 '이런 게 부모의 마음'이라고 말하면서 자각 없이 과잉 간섭하면 부모는 아이의 경계를 위협하고 컨트롤(지배)하려는 상황에 빠지게 되지요. 그러면 아이는 자신의 힘으로 생각하고 결단하는 토대가 되는 나다운 자신을 성장시킬 기회를 뺏깁니다.

여기서 혹여 '역시 부모가 문제야'라는 인상을 받을지도 모르겠네요. 하지만 특정한 개인이 나빠서 학대한다고 생각하면 겉밖에 모르는 셈입니다. 학대는 부모라는 개인의 문제에 더해 가족 시스템, 나아가 사회시스템의 문제입니다. 학대를 낳는 시스템이 가족이나 가정, 사회 속에서 보이지 않는 형태로 숨겨져 있기에 학대가 발생합니다. 가족의 보이지 않는 왜곡된 시스템에서 벗어나는 하나의 방법은 부모 자신에게 달려 있습니다. 즉 부모가 '나다운 자신-양질의 존재'라면 아이의 인격은 존중되고 경계를 의식해서 적절히 대응합니다. 부모 자식 관계는 기본적으로 사랑에서 비롯된다고 나는 믿습니다. 그런데 양질의 존재로 형성되지 않은 부모가 아이의 심정을 경시하거나 무시하고, 아이도 인격을 가진 존중받아야 할 존재라는 것을 모르면 사랑은 언제까지고 '지배'라는 형태로 변질됩니다. 이것이야말로 진짜 문제이지요.

'널 위해서 이러는 거야!'

'부모 말을 잘 들으면 넌 행복해질 거야!'

'어쨌든 내말대로 해!'

부모로서 아이에게 엄하게 할 필요가 있는 상황도 있겠지요. 하지만 이렇게 하는 게 좋다, 저렇게 해야 한다고 부모가 자각 없이 너무 큰 이상이나 기대를 강제로 안깁니다. 여기서 대해서는 경계선의 침해, 과제의 분리 등에서 반복해서 설명했습니다. 아이 스스로가 생각해야 할 것을 부모가 무차별로 간섭하면 아이는 늘 '잘못해서 혼나지 않을까. 반대하지 않을까'만 걱정합니다.

'어린이 나름대로 스스로 판단한다'는 가능성을 부모가 믿지 못하고, 아이의 심정이나 생각을 물어보기도 전에 '이래야 한다'라고 결론을 짓는 행위는 사실 어린이의 인생과 존엄을 해치는 것입니다. 이 상황에 처한 아이는 자신이라는 존재를 키울 기회를 충분히 얻지 못한 채 그 후에도 그대로 살아가게 됩니다. 그리고 뭘 해도 부모에게 인정받지 못하는(승인 받지 못하는) 경험이 쌓이면 그 아이는 '나는 늘 불완전한 존재', '나 그대로는 부모에게 인정받지 못해'라는 생각을 마음 속 깊이 새기게 됩니다. 이 경험은 나중에 어른이 되면 삶의 고통으로 이어집니다.

사랑과 지배의 이중 구속

더블 바인드란?

앞의 내용을 이어가겠습니다. 사랑이라는 이름의 학대를 하는 부모가 아이에게 범하기 쉬운 '더블 바인드'에 관해 생각해보겠습니다. '더블 바인드'는 문화인류학, 정신의학의 연구자인 그레고리 베이트슨이 제창한 어린이 마음을 갉아먹은 커뮤니케이션 패턴의 하나입니다. '서로 모순되는 두 가지 메시지를 받아, 행동 불능에 내몰린 상태, 이중구속'이라는 의미로 구체적으로 다음과 같은 상태를 가리킵니다.

아이에게 이것저것 상세히 요구하면서 '그래도 어떻든 네가 결정하는 거야'라고 갑자기 당겼던 줄을 확 놓는다. 거꾸로 '네 머리로 생각해'라고 해놓고 아이가 스스로 결정하면 불만스럽게 '왜 그랬는데? 이건 아니지. 잘못됐어'라고 부모의 의견을 강제한다.

'노력이 중요'하다고 입이 닳도록 말하면서도 아이가 진지하게 임하면 '그건 당연'하다며 그 노력을 치하할 생각도 안한다. 성과를 올려도 '조금 더 노력했으면 100점인데 왜 이걸 틀려!'라고 어린이의 노력을 인정하지 않고 불평을 털어놓거나, 더 높은 이상이나 완벽함을 요구한다. 어린이 입장에서는 자신이 잘못한 게 있나보다고 느끼고 뭘 어떻게 해야 할지를 모른다. 자신은 별 볼일 없는 존재라는 인식만 강해진다.

위의 상태에 처하면 아이는 다음과 같은 과정을 밟습니다.

1. 이중의 메시지로 인해 '여길 들면 저기가 들리지 않는' 모순을 품는 상황에 처한다. 어떻게 하면 좋을지 몰라 '혼란'을 겪고 나이가 어릴수록 그 상황에서 빠져나오지 못한다.

2. 그 상황에 계속 처해 있으면 어린이 본인은 '잘 안 되는 것은 뭐든지 내 탓', '어차피 다른 사람은 못 믿어'같은 자기불신, 타인불신의 믿음으로 인생을 살게 된다.

3. 아이에게 불신감이 기본적인 토대로 형성되어 있기에 자신

감을 못 갖고 자신의 삶이나 대인관계에서 안도감을 얻지 못한다.

Do you love me? (진짜, 진짜로 날 사랑해?)

가정이라는 바깥에서 보이지 않는 밀실에서 부모가 자식에게 사랑이라는 이름의 학대를 계속 자행하면 아이는 마음의 경계선을 위협받고 부모의 '손발, 사물화'가 됩니다. 자신의 머리로 생각하고 판단해 양질의 존재- 나다운 자신을 형성시키지 못하고 진짜로 부모는 날 사랑할까, 라고 막연한 불안감을 가지면서 나이만 먹는 어른이 되어 갑니다.

양질의 존재를 이루지 못하고 나다운 자신을 발휘하지 못한 채 어른이 된 사람 중에는 경제적으로 자립해 부모 곁을 떠나도 살아가는 의미, 목표를 찾지 못하고 40대, 50대가 되어도 마음은 늘 공허한 채로 살아가는 사람도 있습니다. 겉보기에는 화려한 사회적 성공을 거두어도 이들에게 과제는 늘 남습니다. 유소년기부터 보다 높은 이상, 부모가 요구하는 완벽한 세계를 지향한 삶의 방식을 계속 유지했기에 '나는 별 거 아냐. 뛰는 놈 위에 나는 놈이 있으니까'라고 늘 부족한 부분에 신경을 씁니다. 외부의 화려함이 점점 더해지는 한편 동시에 내부에서는 자존감이나 자기

긍정이 낮아지고 마음도 불안정해서 본인의 고독감이 나이와 더불어 점점 짙어지는 수도 있습니다.

어른이 되었는데도 아직도 부모의 이상을 추구하고, 자신을 혹사시키는 것은 너무 괴롭지요. 아이는 부모나 가정을 고를 수 없습니다. 하지만 어른인 우리들은 인생의 중요한 대목에서 여러 선택지 중 스스로 결단해서 행복을 추구할 수 있습니다. 그러면 어떻게 나다운 자신을 확립할 수 있을까요. 학대에서 살아남은 N의 이야기가 도움이 될 수 있을 겁니다.

나다운 자신이, 당신에게 행복을 안겨준다.

N은 그 후 어떻게 되었을까요. 그녀의 이야기로 다시 돌아가 보지요. 부모와의 관계를 재정립하려면 살아온 역사만큼의 방대하고 괴로운 과거를 되돌아봐야 합니다. 혼자서 어떻게 해보려면 꽤 어렵고 힘들지요. 그래도 포기하지 않고 N은 나다운 자신을 되찾으려고 열정을 쏟고 있습니다. 흔한 일이지만, 마음이 회복되고 다음 단계로 가려는데 '자, 다음 차례야'라고 기별이 오는 듯한 일이 일어나는 수가 있습니다. N에게도 마찬가지 일이 벌어집니다. 임신하는 바람에 사귀던 상대와 결혼하게 되었습니다. 1

년 후 어느 날, N은 밤에 울며 보채는 젖먹이를 안고 있는데 어떤 생각이 불쑥 떠올랐습니다.

'엄마는 이럴 때, 어떤 심정으로 나를 달래줬을까…?'

N은 그 순간을 통해 엄마와의 관계성이 '엄마-딸(로서 자신)'에서 '아이를 가진 똑같은 입장'으로 바뀌는 경험을 했습니다. 그리고 늘 완벽을 요구하던 엄마가 실은 늘 불안감을 안고 벌벌 떠는 심기가 약한 여성에 불과했다는 것, 당시의 엄마는 그 불안감조차 스스로 직시하지 못하고 얼버무리려고 아이에게 전환시켰다는 것, 의논할 사람도 없었는데도 필사적으로 아이를 키우려고 애썼다는 것이 손에 잡힐 듯 이해가 되었습니다.

과거의 삶을 한 발자국 물러서서 바라봄으로써 N의 마음속에는 자신과 엄마를 구별하는 명확한 마음의 경계선이 생겼습니다. 그 덕분에 자신과 똑같은 입장에 처했던 엄마를 제대로 보려고 하지 않았던 자신을 깨달았습니다. 엄마 역시 한사람의 불안한 존재임을 수용함으로써 N은 미워하고 원망하던 마음에서 부모의 불안을 고스란히 떠안지 않고 자신의 삶은 어떠해야 하는가라는 생각으로 옮겨갈 수 있었습니다. N은 오랜 시간을 거쳐 그제야 나다운 자신의 인생을 살 힘을 얻었습니다.

다음은 삶의 고통을 느끼는 어른 세대에 행복을 안겨주는 '나답게 살아가기 위한 3가지 존재'에 대해 알아보겠습니다.

자신을 사랑하는 힘(셀프 러브)

하인즈 코헛의 행복의 3가지 열쇠

'자기애'는 인생에 필요불가결,

행복도를 끌어올리는 핵심 요소

우리가 자신감을 갖거나, 편안한 마음으로 매일을 영위하고, 살아있음에 희망을 발견하는 감각은 어디서 비롯될까요?

이 질문에 명확한 답을 제시해주는 심리학 중 하나가 하인즈 코헛이 발전시킨 자기심리학(self psychology) 입니다. 자신 사랑하기(자기애)의 소중함을 일깨워주는 사고방식이지요. '자기애'라는 말은 나르시시스트, 자아도취, 자기중심적, 등을 연상시키는데, 하긴 심리학 세계에서도 부정적으로 취급되어온 역사가 있습니다. 코헛은 자기애의 긍정적인 측면을 찾아냈습니다. 그리고 긍정적 자기애는 살아있는 것으로 산소처럼 필요불가결한 것이라고 생각했습니다. 좋은 의미로서 자기애를 충분히 키우지 않으면 마음이 제대로 기능하지 않거나 인생에 대해 주관적인 삶의 방식을 잃기도 합니다. 그렇습니다. 지금까지 강조했듯이 마음의 경계선이 모호해 여러 가지 삶의 고통으로 이어집니다. 자기심리학에서는 우리가 행복한 현재, 그리고 미래를 만들려면 '소중한 존재'로서 살아야 하는데, 그러려면 다음처럼 세 가지 존재가 필요하다고 말합니다.

1. 나를 따뜻하게 긍정하고, 받아들이는 존재
2. 나의 살아가는 이상, 목표를 제시하는 존재
3. 나와 친밀히 연결되고, 온기를 느끼게 해주는 동료(그룹)의 존재

우리는 (1)의 존재에서 있는 그대로의 자신을 사랑하고, 비로소 자신에 대한 신뢰가 마음에 자리잡습니다. (2)의 존재에서 이상이나 목표가 명확해지고 나아가야할 길에 대한 정열과 용기가 솟습니다. 그리고 (3)의 동료나 그룹의 존재는 딱딱한 마음을 풀어주고 자조(自助)그룹, 위안, 에너지 보급의 장소(자리)가 됩니다. 이들 세 가지 존재에 의해 우리는 나다운 자신이 되어가지요. 하지만 혹여 '그런 존재가 있을 리가 없어. 어떡하라고!'라는 사람도 있겠지요. 하지만 걱정 마세요. 다음에 소개하는 연습을 하면서 자신이 의지할 상대나 장소를 찾으면 됩니다.

행복한 3가지 존재와 관련 맵(relation map)

① 아래 그림에 머리에 떠오르는 사람의 이름을 적으세요. 나와 관련된 여러 사람이 코헛의 3가지 존재 중 어디에 해당할지 정리해봅니다.

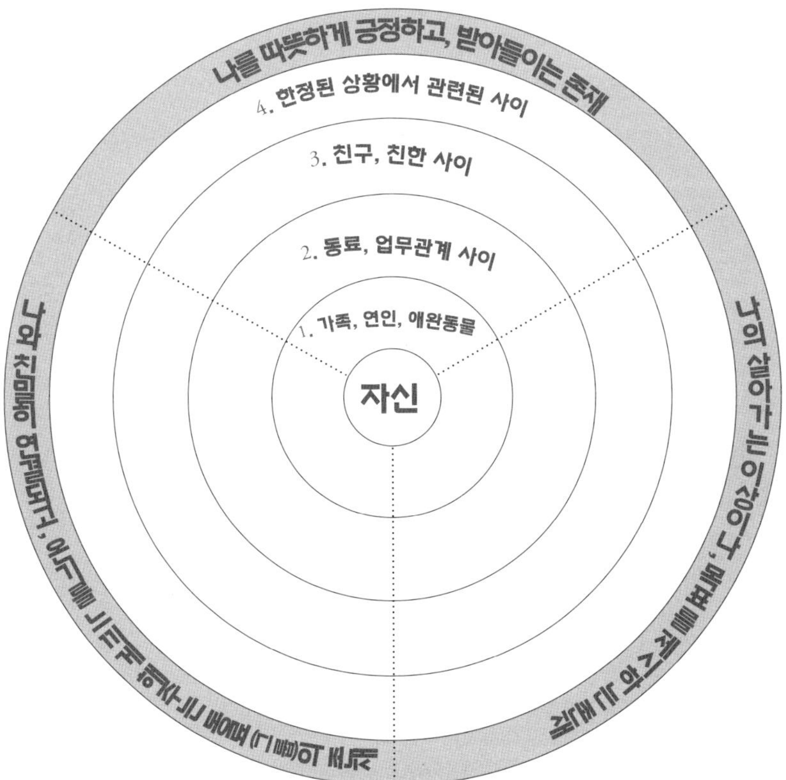

고마움, 감사의 심정을 전하고 싶은 존재는?

마음이 편해지는 존재, 어리광 피우고 싶은 존재는?

긍정적으로 마음으로 응원하고 싶은 존재는?

앞으로 함께 꿈을 이루고 싶은 존재는?

지금까지는 잘 몰랐지만, 이전에 나를 지지해주고 지탱해준 존재는?

안심하고 신체 접촉을 할 수 있는 존재는?

죽을 때, 곁에 있어주었으면 하는 존재는?

위의 질문은 '이 사람은 이런 존재였다'라고 그 만남의 의미를 되새겨보는 기회가 됩니다. 해당하는 사람이 없다면 '지금은 없거나', '잘 생각나지 않는', 사람일지도 모릅니다. 이를 부정적으로 받아들이지 말고 자신을 지켜주고 지탱해줄 네트워크를 만드는 기회로 삼아봅니다.

제5장

그렇게 나다운 어른이 된다

나다움을 만드는 것들

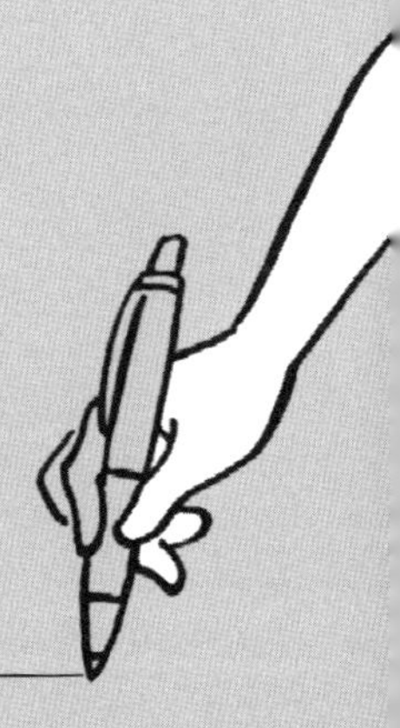

35세부터 찾아오는 3가지 위기

아이덴티티의 붕괴

이 책의 마지막 장에서는 어른 세대의 나다운 자신 형성의 가능성에 대해 깊이 생각해보겠습니다. 구체적으로는 인생의 중년기라면 누구나 체험하는 '중년의 위기'에 초점을 맞추겠습니다. 중년의 위기를 이기는 시도가 마음 전체의 통합, 자기실현으로 이어져 즉, 나다운 자신 형성의 기회가 된다는 것을 융 심리학을 토대로 설명하겠습니다.

위기라는 말을 들으면 부정적인 인상이 연상되지만, 분석심리학인 융의 심리학은 '위기를 인생의 전환기로 삼는 중요성'을 강조합니다. 여기서는 중년의 위기는 실제로 어떤 것인지, 나다운 자신 형성에 어떻게 응용할지에 대해 생각해보지요.

중년의 위기는 어느 날, 갑자기 찾아온다.

중년의 위기에 대해 나는 지금까지 많은 분들의 이야기를 들어왔습니다. 그 내용을 중심으로 갑자기 찾아온 위기와 서서히 표면화되는 위기, 위기로 보이지 않는 위기의 세 가지를 소개합니다.

1. 갑자기 찾아온 위기

- 갑작스러운 신체의 이변, 큰 질병을 선고받음, 치명적인 신체의 손상 사고, 사건, 재해 등
- 애완동물을 포함한 가족, 배우자, 동료, 연인, 친구 등 소중한 사람의 돌연사
- 상대에게 사전에 일언반구도 없이 일방적으로 통보 받은 이별, 관계 단절, 이혼
- 믿었던 사람들의 말 못 할 배신행위
- 크게 빚짐, 크게 손해봄
- 회사의 도산. 해고 통지 등.

2. 서서히 표면화되는 위기

- 이전에는 없었던 신체의 변화, 그에 따른 건강상의 불안
- 가족, 소중한 사람의 건강 상태가 장기적으로 악화. 간병 문

제

- 자녀 문제(따돌림, 등교 거부, 정신질환, 발달장애 등)
- 불륜에 빠져 가족을 버림
- 배우자, 자녀와의 관계가 악화
- 나 홀로 부임으로 인한 환경, 업무내용, 대인관계 등이 동시에 일으키는 변화
- 업무에서 지금까지 통한 것이 서서히 막히는 상황
- 세대교체 등으로 자신이 더 이상 필요하지 않은 존재가 되고 있다는 상실감
- 지금까지 해 왔는데, 흥미나 가치를 잃어버림 등

3. 위기로 보이지 않는 위기

- 자녀의 자립(진학, 독립, 이성교제, 결혼 등)으로 인한 상실감
- 승진, 발탁에 따른 역할과 업무 변화
- 역량을 초과하는 좋은 일이 생겨서 생활이나 대인관계의 변화 등

위의 어떤 경우든 중년의 위기에 직면한 단계로 지금까지 익숙한 세계가 불쑥 변합니다. 그래서 지금 어디에 서 있는지, 앞으로 어디로 가야 하는지를 모르게 됩니다. 그야말로 자아(아이덴티티)의 붕괴, 위기가 발생하지요. 이 망연자실함은 나침반을 잃은

채 새까만 바다를 표류하는 배에 비유해 '밤의 항해' 혹은 '영혼의 어두운 밤'이라고도 부릅니다. 많은 경우, 그 와중에 위기를 감지할 여유조차 없습니다. 그 후 시간이 얼마 지나서야 '아, 그 때 큰일이었지', '그 때 무슨 일이 있었더라'라고 그제야 뒤돌아볼 수가 있지요.

융은 인생에서 '중년기'의 깊은 의미를 발견한 심리학자 중 한 사람입니다. 여기서는 융 심리학을 토대로 중년기의 중요성과 의의, 그 시기에 생기는 중년의 위기를 극복하는 방법에 대해 알아보겠습니다.

35세부터의 나다움,
그리고 자기실현

위기적 전환

중년기는 '인생의 오후',

자신의 내면을 충실하게 해주는 시간

중년기라는 말을 들으면 몇 살부터라는 생각이 드는지요. 융은 34~35살무렵부터라고 생각했습니다. 하지만 지금의 감각으로는 30대 후반부터 60대 중반정도의 이미지를 떠올리면 될 것 같습니다. 융은 사람의 일생을 태양의 하루의 운행(일출부터 일몰까지)에 비유해 중년기를 '인생의 오후'라고 불렀습니다. 이 세상에 태어날 때가 일출, 성장과 더불어 정오를 맞이하고, 그 이후는 서서히 하강해서 일몰이 되지요.

이 표현은 중년기는 인생의 정점에서 하락하는 시기라는 슬픈 이미지를 품게 할지도 모릅니다. 그렇다고 일반적인 언어 사용에 휘둘릴 필요는 없습니다. 융은 일출이나 밤의 시간으로 이행하는 중년기를 '자신의 내면을 충실하게 해주는 시간-무의식을 탐구하는 중요한 시기'라고 보았습니다. 오후에서 저녁으로, 점점 주위는 어두워지고, 밤이 됩니다. 낮에는 햇빛을 발하던 해가 마치 자신의 빛을 다시 내면으로 접듯이 어두워집니다. 이를 사람의 일생에 비유하면 다음처럼 설명할 수 있겠지요.

젊은 날은 목표 달성 등 좌충우돌하며 앞으로 전진 하려고 의식과 에너지를 바깥 세계에서 사용한다.

중년기부터는 자신을 깊이 돌아보며, 보다 나은 자기실현을 이루려고, 의식과 에너지를 내면으로 향하게 한다.

일몰은 하강, 쇠퇴, 소실 죽음보다는 오히려 큰 바다, 심해에 젖듯이 무의식의 세계를 향합니다. 마음과 내면의 깊이 더하기, 충실, 성숙 등을 의미합니다. 융은 젊은 날에는 보이지 않았던 세계 혹은 보지 못했던 세계로 시선을 돌리는 중요성을 강조했던 것이지요.

중년기 의식은 나다운 자신 형성의 핵심이 되는 시점입니다. 즉, 어른 세대에 필요한 것은 내면의 깊이 더하기를 의식적으로 의도하는 것이지요. 목표 달성이나 좌충우돌 그 이상으로, '풍요로움이 내재된 마음의 방향 전환이 자기실현으로 이어진다'라고 융은 말하고 있습니다. 그래서 부정적으로 들리는 중년의 위기조차 '나다운' 자신 형성의 양식이 됩니다.

사람은 '위기'를 통해 무의식과 관계를 맺기 시작한다.

내면의 깊이 더하기, 마음의 방향 전환 단계로 접어드는 계기 중 하나가 이른바 인생의 다양한 국면에서 발생하는 '위기'입니다. 융은 왜 중년기에 눈을 돌렸을까요. 융 자신이 상당히 심각한 중년의 위기를 겪었기 때문입니다. 그래서 자신이 극복한 경험을 토대로 다음의 사실을 끌어냈습니다.

- 중년기에서 사람은 그때까지의 가치나 이상이 뒤집히는 듯한 '위기'를 만나 인생의 전환점을 경험한다.
- 중년기의 위기적 전환, 변화의 대부분은 무의식에서 온 메시지이다.
- 위기를 인생에서 살리려는 시도는 '마음 전체의 통합', '자기실현'으로 이어진다.(나다운 자신으로 이어지는 길이기도 하다.)

즉, 융은 변화나 위기는 인생의 양식이 될 수 있다고 생각했습니다. 가령, 사람은 인생의 전반에서 수험공부, 취직활동에 힘쓰고, 목표를 세워서 바라는 사회적 지위를 얻으려고 합니다. 결혼하고 아이를 키우는 것도 마찬가지이지요. '눈에 보이는 바깥세계에서의 목표 달성'을 사회가 요구하기에 본인도 그렇게 맞춰져갑니다. 자신이라는 커다란 윤곽을 만들어가는 의미에서 본다면 인생 전반에 필요한 과제이지요. 전문용어로는 '자아(아이덴티티)의 확립'이라고 말합니다. 그리고 인생의 중반 이후는 전반까지 몸에 익혔던 '이게 바로 나'라는 인식에 더해 위기를 통해 '나는 본디○○였다.', '뭔가 부족하다고 느꼈는데, 바로 이것, 이게 필요했구나.'같은 지금까지는 멀어져 있던 자신의 일부분(무의식에 있는 잠재적 요소)에 가끔 접하면서 가치의 전환을 심사숙고하도록 만든다고 융은 보았습니다. 현대는 융의 시대보다 중년기의 기간이 길어졌습니다. 그만큼 인생의 전반과 중반 이후가 겹치면서 인생 전반의 과제와 중년기의 과제가 동시에 덮쳐오는 일도 드물지 않습니다.

중년의 위기에는 미래로 이어지는 씨앗(가능성)이 숨겨져 있다.

융 심리학의 기둥을 이루는 것 중 하나로 목적론이 있습니다.

자신에게 일어난 것은 지금부터 일어날 뭔가를 위한 필연이고, 자신의 미래로 연결될 가능성의 씨앗같은 것이라는 사고방식이지요. 일반적으로 인용되는 '인생에서 일어나는 일에는 반드시 의미가 있다'는 것은 이 목적론에서 비롯된 것이지요.

위기를 기회로 보고 살리는 것은 '의도하는 것'이지요. 골치 아픈 일이 생겼다, 운이 나쁘다, 처럼 수동적, 피해적 입장에서 벗어나 주관적이 되는 것입니다. 일상에서 묻혀진 사소한 전환점(가능성의 씨앗)을 자신이 변하는 기회로 삼아 그것을 향해 실제로 행동해보는 것입니다. 이는 융 심리학을 토대로 내 자신이 매일 카운슬링을 하면서 상대에게 해주는 말입니다.

융은 어떻게 중년의 위기를
이겨냈나?

소중한 사람과의 관계성

융의 중년의 위기, 큰 상실의 체험과 마음의 병

여기서 융이 경험한 중년의 위기와 그것을 어떻게 이겨냈는지에 대해 설명하겠습니다. 그는 30대 후반부터 40대에 걸친 시기에 스승인 프로이트와 격렬하게 논쟁한 후 결별했습니다. 그 때문에 정열적으로 활동했던 국제정신분석학회의 회장직을 내놓고 탈퇴했지요. 의지가 되었던 스승, 소속된 단체, 사회적 지위 등 그때까지 쌓아올린 모든 것에서 손을 떼야 했습니다. 그 커다란 상실체험은 그의 이론적인 방향성과 사회적 위치를 뒤흔들었습니다. 그 후, 집에만 틀어박혀 새로운 학설의 연구에 매진했지만, 끔찍한 악몽, 환각을 겪으면서 심각한 상태에 빠집니다. 그때까지의 자신이 붕괴되는 위기 상황이었지요. 그야말로 중년의 위기가 찾아온 것입니다. 융은 그 시기에 머리에 떠오른 이미지를 그림으로 그리거나 그 이미지(무의식)와 대화를 나누거나 해서 자신을 위한 마음의 치료를 시도했습니다. 하지만 전문가인 융조차 때로는 정신병에 걸릴 것만 같은 길고 고통스러운 여정이었습니다. 그 과정에서 그를 지탱해준 것은 '마음을 열고 대화할 수 있는 부인과 제자들의 존재'였다고 합니다. 이는 앞서 언급한 '내재된 이성'에 대한 통찰을 얻게 된 원체험이 되었습니다.

정신과 의사인 융은 심리분석을 통해 오랫동안 많은 정신병 환자와 접해왔습니다. 그 경험에서 '신뢰할 수 있는 파트너의 존재, 지지해주는 가족은 자신을 현실에 뿌리내리게 해주는 토대'이자 '친밀한 상대와의 관계성 자체가 무의식의 세계에 접하면서도 동시에 현실로 단단히 되돌려주는 안전지대'라는 것을 융은 일찌감치 깨달았습니다. 그래서 위기 상황에서 벗어난 후에도 그는 배우자와 제자들을 이전보다 훨씬 필요한 존재로서 인식하고 죽을 때까지 좋은 인연을 맺었습니다. 한편 동시대의 철학자 니체는 융처럼 '두번 다시 없을 관계성'이라는 토대가 없어서 정신병을 앓고 회복하지 못한 채 힘든 삶을 보냈습니다.

이상의 내용에 대해 위업을 달성한 특별한 인물의 사례라서 자신과는 관계없다고 생각할지도 모릅니다. 그렇지 않습니다. 융이 중요시한 '소중한 사람과의 관계성'은 현대 심리학에서도 지속적으로 연구되고 있는 보편적 주제입니다. 지금부터는 우리가 위기나 곤란한 상황, 슬럼프에 빠졌을 때, 벗어나는 힌트로 요즘 주목받고 있는 '취약성의 힘vulnerability- 비록 약하지만 있는 그 대로의 자신을 개척하겠다는 강한 의지'를 소개하겠습니다.

행복은 '취약성의 힘'에서 비롯된다.

약한 채로 견디는 능력

취약성의 힘

취약성의 힘(vulnerability)에서 'vulnerable'은 취약점의 근원인 '상처받기 쉬운'이라고 직역할 수 있지만 '○○을 할 수 있는(ability)'이 더해져서 '약한 채로 견딜 수 있는 능력'이라는 의미를 갖게 된 흥미로운 언어입니다. 미국의 심리학자인 브레네 브라운은 진정한 자신으로 살아가려면 취약성이 필요불가결하다고 역설하면서 그녀의 저서에서 다음처럼 쓰고 있습니다. 그녀는 맨손과 장갑 낀 손의 비유를 들었습니다.

"맨손으로 뜨거운 것을 만지면 뜨겁다. 뽀족한 것에 찔리면 아프다고 느낀다. 만일 두터운 장갑을 끼고 있으면 위험은 적어지지만, 장갑을 낀 채로는 누군가의 손을 잡고 있다 해도 그 온기는 전해지지 않는다."

"상처를 입을 가능성이 있어도 맨손으로 있는 게 즉, 있는 그대로의 자신으로 살아가는 것이 사랑이나 기쁨, 타인과의 관계를 풍요롭게 실감할 수 있으며, 상처 받을 가능성은 사실은 거짓 없이 살아갈 수 있는 가능성이기도 하다."라고 쓰고 있습니다.

말하자면 취약성의 핵심은 자신의 약함을 열어젖히면서 비록 약하지만 있는 그대로의 자신을 개척하려는 강인함, 그리고 상처 받는 것에 대한 용기입니다.

새로운 시대로 접어들면서 다양성이 인정되기 시작한 지금도 특히 남성은 자신의 내면을 털어놓고 심정을 상대와 나누는 행위에 가치를 두지 않는 경향이 많습니다. 강해져라, 속내를 털어놓은 것은 남자답지 않고 부끄러운 태도이다, 약함을 보여줄 바에야 죽는 게 낫다, 처럼 예전부터의 문화가 잔존하고 있을지도 모릅니다. 혹은 문화의 영향을 많이 받지 않아도 강철같은 강인함을 전면에 내세우고 살아온 사람일수록 약하고 상처 받기 쉬운 속내를 털어놓는 그 자체에 지금까지 자신이 살아온 신념을 단번에 파괴하는 듯한 두려움을 느껴서 피할 수도 있습니다. 한편 사람은 누구라도 섬세한 감성을 지니고 있기에 상처 받은 체험을 하면 무의식적으로 다신 그런 상황이 오지 못하도록 마음을 굳게 닫기 쉽습니다. 경계선을 긋는 행위와도 통하는 자신을 지킬 마음의 궁리이기에 나쁘지는 않습니다. 하지만 자신에게 다가오는 사람에 대해서도 거리를 두게 되고 3장에서 언급했듯이 벽을 쌓는 사람이 되기도 쉽지요. 그렇게 되면…,

삶의 희로애락을 스스로 떼어내고, 그런 것들은 없다고 생각한다.

친절하게 대해주는 사람에게조차 의심을 품고, 쓸데없이 상대에게 상처를 줘서 관계를 스스로 단절하게 된다. 그러면서도 믿을 수 있는 사람이 아무도 없다고 세상과 삶을 부정적으로 바라본다.

위의 내용을 아무런 자각 없이 되풀이하기에 상대와의 깊은 교류가 없고, 중년기부터 비로소 필요한 무의식(내적인 이성異性)과의 대화를 시도할 기회를 잃는다. 그 결과, 본디 갖추고 있는 잠재적 능력과 가능성을 자신의 것으로 만들고 살릴 수 있는 삶을 영위하지 못한다.

그러면 시간이 아무리 흘러도 자기수용, 자기긍정의 방향으로 나가지 못하고, 삶에 대한 이해, 충실감이 없는 채로 고통만 지속됩니다. 이전의 나도 오랜 세월 이러한 상태에 빠졌기에 하는 말입니다. 삶은 돈, 사회적 지위, 명예처럼 우리가 갖고 싶은 게 많이 있습니다. 하지만 아무리 많은 돈과 지위, 명예를 가져도 최종적으로는 사랑, 신뢰, 나눔이 바탕이 되는 공유체험, 감동이나 기쁨으로 채색된 추억이 삶의 풍요로움이자 희망을 주는 것입니다.

이제 마지막으로 미숙한 채로 영원한 소년이 중년의 위기를 통해 어떻게 나다운 자신을 형성하고 살아가는지를 언급하겠습니다. 어른 세대가 나다운 인생을 어떻게 살아가느냐에 대해 짚어보는 시간이기도 합니다.

위기를 통해 무의식이
말하려고 하는 것

마음의 균형

영원한 소년이 성숙해지려면

영원한 소년은 나비나 벌처럼 아름다운 꽃을 찾아 헤매지만, 금세 상대에 대한 정열이 시들어 그 관계를 끝내는 경향이 짙다고 2장에서 언급했습니다. 상대 여성을 만나면서 부정적인 '그레이트 마더'에 잡아먹힐 것 같은 두려움, 답답함, 귀찮음을 느껴 관계의 지속을 견딜 수 없게 되기 때문이지요. 그런 사람들에게 성숙의 힌트는 없을까요. 있습니다. 지금까지 익숙해진 '페르소나'를 변화시키는 것입니다.

페르소나는 본디 고전 연극에서 배우가 쓰는 가면을 일컫는데, 융 심리학에서는 '주위의 기대나 가치관에 따라 사회적응을 위해 획득한 겉모습의 자신'이라는 의미가 있습니다. 어떤 페르소나를 획득하느냐에 따라 인생 전반의 중심적 과제가 됩니다. 영원한 소년에서 언급한 폰 프란츠는 영원한 소년에서 탈피하는 특효약에 대해 다음처럼 말하고 있습니다.

'하늘이 찌푸둥한 날 아침이라도 자리에서 벌떡 일어나 지루하고 재미없는 일을 기력을 쥐어짜내서 하나씩 처리해 나갈 것' 즉, 맑은 날 뿐 아니라 비가 오거나 바람이 불거나 눈이 내려도 꾸준하게 일을 계속 하라는 것이지요.

그러나 나는 오랫동안 카운슬러 경험을 하면서 매력적인 '영원한 소년'인 사람들의 다양한 인생과 함께 해왔습니다. 그래서 '일'이 영원한 소년에게 '마음의 성숙을 가져다주는 약'이 되기는 어렵다는 인식을 갖고 있습니다.

폰 프란츠의 시대와 상황과는 달리 현대는 피터팬이 훨훨 날아다니는 네버랜드처럼 일의 방식, 라이프스타일이 가능하기 때문에 일은 페르소나를 변화시키고 영원한 소년이 내면을 탐구하는 커다란 기회이기도 하지만, 나는 융이 중요하게 생각했던 '마음을 활짝 열고 대화를 나눌 수 있는 상대와의 지속적인 관계성을 온전히 이루는 것'이 더 나은 해법이라고 생각합니다.

계속 영원한 소년인 채로 남기를 바라는 사람들의 대부분은 파트너라는 일종의 고정된 대인관계가 자신의 마음속에서 중요하게 여기는 '자유, 싱싱한 감성, 창조성'을 위협하거나 빼앗을지도 모른다고 생각합니다. 그렇지만 실상은 오히려 반대이지요. 부정적 그레이트 마더를 두려워하고 친밀함, 관계성, 사랑을 성숙시키는 것을 지속적으로 피하면, 어느 날 갑자기 무의식이 균형을 찾듯이 영원한 소년을 자신의 인생에서 강제로 종료시켜야 할 수도 있습니다.

무의식의 메시지

여기서는 중년기 이후의 우리에게 무의식이 어떻게 작용하는지를 설명하겠습니다.

마음을 지구라고 비유하면, 햇빛이 비추는 낮 동안은 '이 모습이 바로 나야'라고 머릿속에서 알고 있는 마음의 일부(의식 영역)입니다. 한편 밤은 어두워서 잘 보이지 않기에 통제할 수 없는 마음의 일부(무의식 영역)입니다. 우리의 마음은 의식할 수 있는 부분(의식영역)과 의식하지 못하는 부분(무의식 영역)이 있는데 그 양쪽을 모두 존중하는 자세가 꼭 필요합니다. 지금까지 반복해서 언급했듯이 융은 무의식영역에 간접적으로 접할 수 있는 '마음을 활짝 열고 대화를 나눌 수 있는 상대와의 지속적인 관계성'을 중요하게 여겼습니다. 이점을 무시하고 오로지 일에만 몰두하거나 한쪽으로 치우친 사회적 성공만 바라보면 그 미래는 태양을 향해 돌진하던 그리스 신화의 이카로스처럼 밀랍이 녹아 바다에 추락하고 마는 결말이 기다리고 있습니다. 어른 세대에 접어들었는데도 지금까지의 인생 전반부의 삶의 방식을 무턱대고 계속하면 어느날 갑자기 마음의 그림자 부분이 지금까지의 삶의 방식의 흐름을 홱, 하고 밑으로 끌어 잡아당기는 수가 있습니다. 잠재적인 자신의 가능성을 무시하고 한쪽으로 치우친 삶의 방식에 대해 균형을 잡으려는 마음의 작용 중 하나가 중년의 위기입니다. 어디까지나 사견이지만, 중고년 남성의 인생에 대한 절망이나 세계적 정점에 오른 스포츠선수, 표현을 중요시하는 예술 계통의 사람들이 돌연한 사고, 약물 의존, 심신의 말 못할 부조화, 위법행위, 자살같은 배경에는 중년의 위기와 조우했지만 그것을 자신의 삶에 적절한 형태로 살리지 못했다는 생각이 듭니다. 물론 부정적 측면뿐 아니라 긍정적인 것도 있습니다. 정신과의사인 엘렌베르거는 프로이트나 융처럼 심층심리학자의 인생을 연구했는데, "창조적인 일을 하는 사람들의 대부분은 인생의 중반 이후로 중병에 걸리는 체험을 했고, 극복한 후엔 창조활동이 오히려 더 크게 전개되었다."라고 쓰고 있습니다. 이를 '창조의 병-creative illness'이라고 부릅니다.

다음은 그야말로 중년의 위기에 빠진 어른 세대의 '영원한 소년'이 자신의 주관 즉, '나다운 자신'을 되찾고 진정한 어른으로 변모하는 과정을 소개하겠습니다. '어느 날, 갑자기 도무지 어쩔 수 없을 만큼 의욕과 기력이 사라지더니 몸이 제대로 움직이지 않게 되었다.' 이 위기를 어떻게 삶의 양식으로 살렸을까요. 그 이야기를 지금부터 하겠습니다.

자신을 되찾은 '영원한 소년'

'그'로 변모하는 과정

영원한 소년은 어른으로서 살아갈 수 있을까

대기업에 속한 카운슬러로서 일할 때였습니다. 그 영원한 소년과의 만남은 카운슬러 룸이었지요. 그의 나이 30대 후반에 들어설 무렵이었습니다. 양복 차림이 많았던 그 회사에서 '소년'은 데님 차림으로 찾아왔습니다.

"3월 31일까지 학생 신분이었던 내가 4월 1일부터 사회인으로서 갑자기 삶의 방식을 바꾸지 않으면 안 되었는데, 몇 년이나 위화감을 느꼈어요."

대화를 시작하자마자 그 '소년'은 그렇게 말했습니다. 페르소나의 변화를 싫어하는 전형적인 영원한 소년이었지요. 소년은 박사 후 과정이 길었고, 대학에서 연구원생활을 했습니다. 어느 날,

연구직을 포기하고 30대에 불현듯 대기업에 취직했지요. 회사는 그의 박사과정의 업적을 좋게 평가해서 몇 년간은 연구부문에서 일했습니다. 그런데 그 후, 후진 양성을 위해 별도의 부서로 옮겨졌지요. 그러자 입사 당시부터 뿌리 깊었던 위화감이 다시 고개를 쳐들었고, '아침에 일어나면 몸이 움직이지 않는 상태'가 되었다고 합니다.

처음 간 병원에서 오진한 탓에 다른 병원을 찾아가던지 새로운 약을 먹어야할지의 상태였습니다. 6개월 동안 죽고 싶은 마음이 들면서 감정이 격하게 오르락내리락해서 오랫동안 자택요양을 하면서 힘든 생활을 보내야했습니다. 그 와중에 찾아온 소년에게 나는 다음처럼 말해주었습니다.

"카운슬링으로 가능한 일은 지금까지의 낡은 당신이 일단 정신적으로 사망하는 것, 그리고 괴로운 상황에서 살아남아 새로운 당신을 획득하는 것, 이 죽음과 재생의 과정을 당신이 이루어낼 수 있게 동행하는 것이, 나의 역할입니다."

이 메시지는 지금 뒤돌아보면 왜 소년에게 그런 말을 했는지 나 자신도 이상하게 여겨집니다. 혹여 소년의 무의식의 지혜가 나를 찾아와 나도 모르게 입에서 나왔을지도 모른다는 상상까지 하게 되니까요.

엄마만큼은 나를 슈퍼맨으로 생각해준다.

그날부터 소년은 계속 카운슬링을 받았습니다. 처음에는 주로 회사에 대한 불만이었지만 점차 오랫동안 직시하지 못한 괴로움을 털어놓기 시작했지요.

"엄마만큼은 아직도 날 슈퍼맨으로 생각해줘요. 그런데 아무리 애써도 그 기대에는 보답 못하잖아요."

'아무리 애써도 보답 못하는' 것은 '기대의 수준을 따라가지 못하는 못난 자신'이라는 생각과 '언제까지고 기대에 부응하려는 내 자신이 이대로 괜찮을까' 혹은 '자신은 뭘 바라는지'의 갈등에서 비롯된 말입니다.(이같은 호소는 이 소년으로 대표되는 인생 중반의 연령뿐 아니라 10대에서 장년층까지의 남성이 남몰래 고민하는 주제 중 하나입니다.)

오랜 자택요양 생활로 인해 회사에 정상복귀할지의 여부를 가늠하는 시금석으로 소년은 임시출근의 기회를 얻었습니다. 그런데 갑자기 너무 열성을 내는 바람에 1주간도 못 되서 기운이 쑥 빠졌습니다. 마음의 경계선이 약해졌기에 자신이 '이렇게 하고 싶다'는 충동에 스스로 함몰된 탓에 자기 조정이나 한계설정이 원활하게 되지 못했던 까닭입니다.

'또 하나의 나'와 만나다

소년은 카운슬링 과정에서 내전이 격화된 외국의 어떤 나라에서 활동하는 종군 카메라멘의 다큐멘터리 영화에 대해 몇 번이고 열을 내서 이야기했습니다.

'약을 복용하는데 조절이 잘 안 돼서 가끔 죽음이 찾아오는 듯한 심신의 고통.'

'우등생의 길에서 밀려나 복귀의 기회를 스스로 발로 차버렸다.'

'지금까지 기대에 부응하려고 하면서도 한편으로는 나 자신만의 삶을 찾지 못한 끝없는 후회.'

소년에게 지금까지 겹친 일들은 종군 카메라맨이 헤쳐 나온 세계와 마찬가지로 '전쟁터'였던 것이지요. 그런데 소년은 그런 이야기를 한 후에는 늘 똑같이 "엄마를 걱정시키고 싶지 않아요. 그래서 이토록 커다란 도전은 내게 무리예요."라고 슬픈듯 말했습니다. 나는 소년에게 다음처럼 말했습니다.

"총탄이 빗발치는 속에서 셔터를 계속 누르는 전쟁터의 카메라맨, 당신은 그 모습을 영혼을 걸고 생존하는 또 하나의 자신(무의식에 잠재할 가능성)이라고 생각할지도 모르겠네요."

소년은 아무 말도 하지 않고 조용히 고개만 끄덕였습니다. 여러분 중에는 평화로운 세상에서 무슨 쓸데없는 말이냐고 얼굴을 찌푸리는 사람이 있을지도 모릅니다. 하지만 자신의 그릇을 초월한 위기에 직면하면 '지금. 존재하는 상황이 전쟁터로 생각되는' 그런 순간이 누구에게나 있을 겁니다. 가혹한 상황에 처해 있으면서도 진지하게 삶을 바라보고 어떻게 살아갈지를 다른 각도로 자신에게 묻는 행위는 결코 드문 일도 과장이나 허풍도 아닙니다. 제 5장의 첫 부분에서 언급했듯이 마음의 위기에 처했을 때 찾아오는 깨달음은 나다운 자신으로 이어질 가능성의 씨앗입니다.

죽음과 재생의 끝머리에서 소년은…

약 2년간의 자택 요양을 하면서 임시출근의 형태가 반복되었습니다. 별도의 표현을 들자면 영원한 소년 특유의 상승과 급강하(열심히 살아보자면서도 진지한 태도를 보이지 않는 것은 회사 입장에서는 이기적으로 보인다.)의 상황이 이어졌습니다. 그때마다 카운슬링을 지속했고, 다행히 소년은 자신의 내면을 바라보는 작업을 끈기 있게 해나갔습니다. 겨우 심신이 안정될 무렵, 인생은 소년에게 더한 시련을 주었습니다. 당시 혼자 살고 있던 그의 가장 사랑하는 사람인 모친이 갑자기 사고를 당했습니다. 소년은 병상에 붙어서 의식불명인 모친을 며칠이고 떠나지 않았습니다. 그러면서 모친과 더불어 걸었던 지난날을 돌이켜보게 되었지요. 그리고 모종의 결단을 자신에게 부여했습니다.

'더 이상 누군가를 위해 살지 말자. 지금 이 순간부터 내 인생은 내가 살아보겠다.'

앞서 제 5장의 영원한 소년이 어른이 되기 위한 특효약에서 영원한 소년이 성숙함으로 가는 실마리는 지금까지 몸에 두르고 있던 '페르소나'를 바꾸는 것이라고 설명했습니다. 소년은 빈사 상태의 모친과 마주하면서 지금까지 몸에 두르고 있던 '페르소나, 소년의 심성'을 그 위기적 상황을 마주해 힘껏 벗어던진 것이지요. 우리는 위기에 직면하면 그 상황 자체가 초래한 갑작스러운 에너지에 휘둘리고 맙니다. 그 때 마음이 미숙한 채로는 그 상황에 굴복하게 됩니다. 한편 마음이 성숙하고 준비가 되어 있으면 즉, '나다운 자신'의 토대가 갖추어져 있다면 그 위기조차 적극적으로 살릴 수 있습니다.

진심으로 나답게 살아가려면

소년과의 카운슬링이 어느덧 2년을 넘겼습니다. 소년이 그 자신으로 살아가려고 결심했던 그 시기부터가 새로운 시작이었습니다. 카운슬링은 '마음의 마사지'라고 일컬어지는 경우가 가끔 있지만, 그 후 소년과의 카운슬링 시간은 그처럼 녹록하지 않았습니다. 기업 카운슬링이라는 특수한 측면도 있지만, 도중에 몇 번이나 나와 소년에게 회사의 압력이 있었습니다. 시간은 걸렸지만 최종적으로 소년은 보란듯이 직장 복귀를 이루어냈습니다. 그리고 주위에서 인정하는 성과도 내기 시작했지요. 3년 후, 주위의 기대를 받는 존재가 되었지만, 소년이 아닌 '그'는 퇴직하고 전직을 했습니다. 한때는 생사를 오간 그의 모친도 그즈음에는 건강을 회복했습니다. 모친은 "휴직 중에 주위사람들한테 피해를 줬을 텐데 회사를 관둔다고? 그리고 안정된 직장을 왜 버려!"라고 맹렬히 반대했다고 합니다. 하지만 그는 "엄마한테는 내 멋대로 하는 것처럼 보이겠지만 내 책임으로 인생을 살아갈 테니까 너무 걱정 말라."라고 부드럽게 말하면서 자신의 결심을 굽히지 않았습니다. 사람이 '스스로 자신이 되었을 때' 즉 나다움을 자신의 것으로 만들면 자신의 의견을 주위에 확실히 표명하는 것은 미숙한 제 멋대로가 아니 양질의 자기주장입니다.

그가 처음에 찾아왔을 때 입은 데님, 데님은 계속 입고 다니면 인디고 색깔이 예쁘게 물든 처음 상태에서 점차 색이 변하고 부드러움과 피부에 스치는 모순된 감각이 교차하면서 서서히 본인의 신체에 맞는 형태로 바뀝니다. 내게는 소년에서 '그'로 변모하는 과정은 데님처럼 시간과 더불어 깊이와 그 맛이 더해지는 것처럼 보였습니다. 영원한 소년이 나이가 들어가는 과정에서, 본래의 매력을 더욱 빛나게 하려면 내면의 의식을 향하게 하고 그 깊은 곳에 있는 고통이나 약함에 빛을 비추는 작업이 필요합니다.

융이 체험한 바와 같이 그 곤경의 길의 이정표는 '마음을 열고 말할 수 있는 상대와의 지속적인 관계성'이 불가결합니다. 이는 심리적 전문가가 꼭 필요하다는 뜻이 아닙니다. 영원한 소년의 상대는 어쩌다 나였지만, 가족이라도 좋고 친구라도 상관없습니다. 직장 동료나 업무 파트너라도 좋습니다. 소중한 사람과의 지속적인 관계가 필요한 것이지요. 영원한 소년의 경우뿐 아니라, 우리가 진지하게 '내 자신'을 살아가기 위해 필수 조건이고 충만한 삶을 살아가는 데 요구되는 기술이기도 합니다.

사람은 사람과의 사이에서 상처를 받습니다.

그렇지만 소중한 사람과의 지속적인 관계는 그 상처나 고통을 따뜻하고 강하게 감쌉니다. 그리고 꾸준히 관계성을 키워나가면 상대와의 관계 속에서 그때까지 미지에 감싸였던 진정한 사랑을 느낄 순간이 반드시 찾아옵니다.

그럴 때, 비로소 마음 속 깊이 새겨졌던 상처가 치유되고 우리는 독립된 한 인간으로서 자신의 삶을 이끌어줄 동아줄을 꽉 쥘 수 있습니다. 그리고 새롭게, 거기에서, 삶이 다시 시작됩니다.

나 또한 이전에는 '나는 역시 안 되나봐….'라고 계속 생각했던 사람입니다. 그런 내가 언젠가 본연의 자신을 만났던 것은 돌이켜보면 나를 믿어주고, 따뜻하게 보살펴주고, 가끔은 적절한 도움을 주었던 분들 덕분입니다. 그 분들의 존재 자체가 무엇보다 삶의 소중한 선물이라고 생각합니다. 괴로웠던 어린 시절, 햇빛 같은 따뜻함으로 나를 믿어주셨던 초등학교 시절의 은사인 사사키 요시노리 선생님, 심리임상의 길로 이끌어주신 부모같은 존재였던 도쿄학예대학 교수인 고 가와이 요시후미 선생님, 이 두 분께 이 책을 바칩니다.

또한 카운슬링에서 만난 여러분과 인생의 중대한 국면에서 동행할 수 있었기에 지금의 나 자신을 만들어낼 수 있었습니다. 깊이 머리 숙여 감사드립니다. 고맙습니다. 이 책은 충분히 신뢰할 만한 분들과의 관계 속에서 태어난, 생명과 영혼을 표현한 다른 형태의 메시지이기도 합니다.

끝으로 이 책의 독자분들께 감사의 마음을 전합니다.

나다운 자신으로서 스스로의 삶을 마음껏 빛내시기를 기원하겠습니다.

—2020년 2월 입춘, 야치모리 구미코